ENTDECKE DEINE CHAKRAS UND ENERGIESYSTEME

VERENA SANDHER

VERENA SANDHERR

ENTDECKE DEINE CHAKRAS UND ENERGIESYSTEME

/////////////////// SILBERSCHNUR ///////////////////

ISBN 3-923 781-86-5

1. Auflage 1994

Cover: Peter Dorn, Wenden
Druck: FINIDR s. r. o., CZECH - Republic

Verlag „Die Silberschnur", Heddesdorfer Str.7, D-56564 Neuwied

INHALTSVERZEICHNIS

Einleitung

Seit elf Jahren berate und behandle ich Menschen, die seelische und körperliche Schwierigkeiten haben. Diese Tätigkeit brachte es mit sich, daß ich mich mit Büchern über Chakras und andere feinstoffliche Energiesysteme beschäftigt habe.

Dabei fiel mir auf, daß es immer wieder gegensätzliche Meinungen über die Eigenschaften der Chakras und ihre Plazierung im Körper sowie Interpretationschwierigkeiten hinsichtlich der feinstofflichen Energien gibt.

Immer mehr tauchte ich in diese Energiewelt ein, immer mehr vermochte ich, hellsichtig wahrzunehmen und mit Hilfe der Erklärungen meiner Geistführer*) zu verstehen. Schließlich entstand dieses Buch, das eine Anatomie der Chakras und feinstofflichen Systeme aufzeigen will in einer Ausführlichkeit, wie dies meines Wissens bisher nicht geschehen ist.

Das Buch will Grundmuster des universellen feinstofflichen Geschehens im und um den Menschen sichtbar machen und das Verständnis dafür wecken, wie destruktives Verhalten und Krankheiten in positive Energie umgewandelt werden können, um höher gelebte Liebe und Wissen zu erlangen.

Ein solches Wissen zeigt sich dann im Energiesystem des Menschen durch blühende Chakras und eine Aura, die von Licht durchflutet ist.

Es wäre mir eine Freude, wenn dieses Buch dazu beitragen könnte, daß mehr Menschen ihr seelisches Potential erkennen, um es bewußter für die ihnen bestimmte Lebensaufgabe zu nutzen.

Gleichzeitig mögen die ausführlichen Abbildungen zur Anatomie der Chakras und Auras hellsichtigen Menschen eine Hilfe sein, das, was sie wahrnehmen, besser zu verstehen.

*) Geistführer sind feinstoffliche Wesen, die schon einmal auf Erden gelebt haben oder Wesen, die es nie nötig hatten, menschliche Gestalt an-

zunehmen. Sie sind Vermittler zwischen Himmel und Erde und führen oder begleiten Menschen, um selber zu lernen oder Gelerntes weiterzugeben. Jeder Mensch hat die Möglichkeit, mit Geistführern in Kontakt zu treten und Dialoge zu führen.

Ein menschliches Medium ist Empfänger von Informationen aus der jenseitigen und Vermittler von Botschaften in die diesseitige Welt.

I — DER MENSCH IM AUSTAUSCH MIT DEN UNIVERSALEN KRÄFTEN

„Wie oben so unten" lautet ein jahrtausendealtes esoterisches Gesetz. Darin kommt die Erkenntnis zum Ausdruck, daß der Mensch bis in die kleinste Körperzelle hinein ein Abbild der Struktur im Universum ist und daß in ihm dieselben Kräfte wirksam sind, wie sie das ganze Sonnen- und Planetensystem bewegen. Ganz gleich, auf welcher Ebene der Schöpfung wir diese Strukturen und Kräfte betrachten, sie wiederholen sich unendlich im großen wie im kleinen, sie wirken im Sichtbaren wie im Unsichtbaren. Sie sind Ausdruck einer allumfassenden göttlichen Ordnung.

Ähnlich wie die Organe im menschlichen Körper (Leber, Galle, usw.) mit ihren unterschiedlichen Funktionen als Teile eines Ganzen wahrzunehmen sind, hat auch die feinstoffliche Welt ihre Organe; es sind die Chakras und Energiesysteme, die innerhalb des unendlichen Makroorganismus des Universums die unterschiedlichsten Funktionen erfüllen.

Die verschiedenen Ebenen im Universum, einschließlich des Menschen in seinem irdischen Dasein, sind auf vielfältige Weise miteinander verbunden - sie stehen in einem ständigen wechselseitigen Austausch. Da es bei diesem Austausch um ein Fließen von Energien zwischen extrem feinstofflichen*) und extrem grobstofflichen Zuständen geht, bedarf es abgestufter Energieebenen, die eine Vermählung von Himmel und Erde ermöglichen.

Die rein körperliche Energie wird aus der Erde gespeist. Kommt aber die feinstoffliche Energieform nicht hinzu, so wird der Körper nicht am Leben bleiben. Er unterliegt biochemischen Prozessen und zerfällt wieder in seine Einzelteile.

Makrokosmos und Mikrokosmos sind wohl verschieden in ihrer Größenordnung, nie aber in der Struktur. Die Ordnung, in der wir sind, ist ein kosmobiologisches Sein und ändert sich selbst nie. Die Strukturen zerfallen in Einzelteile und werden später wieder ver-

9

wendet, um eine neue Organisation oder Bewußtheit zu werden (davon wird in dem Kapitel „Die Aura" eingehender die Rede sein). So vollzieht sich der ewige Kreislauf auf der kosmobiologischen Ebene, im Körper und in der Seele. Die göttliche Beschaffenheit ist immer und überall dieselbe.

*) Energie, die für das Auge nicht sichtbar ist. Sie schwingt feiner als Luft oder Elektrizität. Die feinstoffliche Energie umschließt verschiedene Feinheitsgrade. In den esoterischen Lehren werden dafür Oberbegriffe wie Od, Prana oder Ch'i (Ki) verwendet.

Organe der feinstofflichen Welt:
Chakras, Auras, Energieströme

Das Universum und alles, was ist, ist erfüllt von göttlichen Energien.

Bei genauerem Hinsehen erkennen wir darin Strukturen, die sich unter anderem als Chakras und Energiekanäle entpuppen. Die Energien in und um unseren Körper sind durchsetzt von unendlich vielen Chakras und stellen eigene Systeme dar, die sich in Schichten formieren. Diese Schichten, in die der Mensch eingebettet ist, sind als Auras bekannt (vgl. Abb. 6, S. 71).

Chakras sind in bestimmten Organisationen zusammengeschlossen, die dem Wesen und der spezifischen Funktion der jeweiligen Auraschicht dienen (eine Teilansicht dieses Zusammenhangs zeigt Abb. 6).

Ein Chakra ist ein feinstoffliches Kugelsystem, das die Funktion eines Rotors oder Motors ausübt. Es besitzt einen eigenen Energiehaushalt, ist also auch aus sich selbst heraus lebensfähig. Gleichzeitig empfängt es Energieimpulse von außen und gibt Energie an seine Umgebung ab.

Die Energien, wo immer sie fließen, bilden Chakrareihen. Mit anderen Worten: Jeder Energiestrom, und sei er noch so fein, ist besetzt mit feinen Chakras, die bis ins Unendliche führen. All diese Energieströme sind untereinander vernetzt und bilden unzählige Systeme, deren Feinstruktur und Vielfalt in diesem Buch nur ansatzweise dargestellt werden kann.

Der Durchschnittsmensch weiß relativ wenig über diese feinstoffliche Wunderwelt. Der eine oder andere mag ahnen, wo sich „seine" Energieballungen oder feinstofflichen Energiekörper befinden. Der zweite Teil dieses Buches will hier eine Hilfe bieten, die Chakras in ihrer Form, ihrer Struktur und in ihrer Organisation zu erkennen, um sie in geeigneter Weise nutzen zu können.

Die Kraft des Universums ist in jedem einzelnen Chakra enthalten. Jeder Mensch besitzt den Schlüssel, um diese Chakras zu öffnen, ein Vorgang, der nur von innen heraus geschehen kann. Die Chakras können sich schließen und vergrößern, je nach Liebesfähigkeit im Innern der Seele. Die Frequenzen können verstärkt werden und schließlich jedes Chakrazentrum zum Erblühen bringen. Darin äußert sich eine Form von Weisheit, denn Weisheit ist immer die Blüte der Liebe. Destruktivität wird keine Blüten hervorbringen. Wer die Aura sehen kann, wird diese Pracht erkennen. Denn die Aura, wenn sie sich entfaltet, stellt ein Blütenmeer dar, getragen von einer Achse, die das Blumenwunder stützt. Sehen wir den Menschen in seiner Entfaltung als einen Baum, so sind die Wurzeln seine Füße, aus denen schöne Energiefäden fließen, die sich zu einem Blumenmeer ausbreiten können. Fällt der Baum um, so ist es nicht gut um den Stand der Füße bestellt. Physisch geschwächt, schleichen wir durch den Alltag, und die Destruktivitätsspirale bohrt sich immer tiefer in die Wurzeln, die uns tragen. Die Chakras reagieren sofort! Wer kennt nicht den Ausdruck „den Boden unter den Füßen verlieren" oder „abrutschen"?

Die Anatomie im feinstofflichen Bereich der Lebewesen ist vielschichtig und für begabte Menschen sichtbar. Die Art und Weise, wie ein Medium diese Strukturen sieht, ist unterschiedlich. Es kann daher sein, daß der eine oder andere die blühenden Chakras oder Auras anders wahrnimmt als sie in diesem Buch abgebildet sind. Hinzu kommt, daß es gar nicht viele Menschen mit blühenden, geöffneten Chakras und hellen Auras gibt, und daß eine innere Bereitschaft zum Erkennen der Auras nötig ist. ,,Die Aufmerksamkeit lenken auf....," heißt daher die Devise. Viele „sehende" Menschen wissen wiederum nicht, was sie mit dem, was sie sehen, anfangen oder wie sie es interpretieren sollen. Sie werden in diesem Buch vielfältige Anregungen finden.

Energieströme
Jeder Mensch ist wandlungsfähig und in der Lage, zu größerer Geistigkeit zu gelangen. Die Kraft, die uns bei dieser Arbeit ernährt und stützt, ist die Kundalini-Energie. Es handelt sich dabei um eine feinstoffliche Energie, die überall zu finden ist, in

Pflanzen, im Menschen, im ganzen Universum. Beim Menschen schlängelt sie sich spiralförmig durch alle Energiezentren (Chakras). Sie ist ewig in ihrem Sein. Die einzelnen Körperorgane, wie Nieren, Lunge, Leber usw., werden einerseits durch den Blutkreislauf gespeist, andererseits durch die Kundalini-Ströme erhalten. Auf diese Weise wird unser Körper doppelt genährt.

Die Kundalini-Ströme sind Lichtenergien, die die gesamte materielle Welt durchfluten. Auch die Glühlampe ist Teil von Kundalini-Strömen, sonst könnte sie nicht „Licht geben". Jeder Mensch hat Lichtcharakter und ist aus dem universellen Geschehen geistiger Schwingungen aufgebaut. Er lebt von dieser Energie und ist in sie eingebettet. Er ist ein Doppelwesen, mit einer materiellen und einer immateriellen bzw. geistigen Existenz. Der geistige Teil schafft sich den Körper zum Leben.

Kapitel 2

Energiepotentiale des Menschen:
Selbst, Höheres Selbst, Geist, Seele, Egokraft, Persönlichkeit, Ich

Die Begriffe Geist, Seele, Selbst, Höheres Selbst, Ego usw. werden je nach psychologischer Schule für unterschiedliche Inhalte gebraucht. Um klarzustellen, wie ich sie in meinen Ausführungen und Bildern verwende und in welchem inneren Zusammenhang sie zu verstehen sind, gebe ich im folgenden eine kurze Definition. Zum eingehenderen Verständnis verweise ich auf die Teile II, III und IV des Buches.

Selbst und Höheres Selbst

Das Selbst ist der inkarnierte Teil des Menschen. Es hat die Aufgabe, unsere Bewußtseinsprozesse voranzutreiben. Das Selbst wird gespeist durch den anderen, nichtinkarnierten Teil, den wir das Höhere Selbst nennen. Beide Teile oder beide Körper sind wir. Das Höhere Selbst ist unsere immerwährende Existenz.

Das Selbst und das Höhere Selbst eines Menschen ist durch ein Chakraband verbunden. Ein höheres Bewußtsein zu erlangen, bedeutet, dem Höheren Selbst immer mehr Raum in unserem Leben zu geben, damit Lernprozesse stattfinden können. (Vergleiche hierzu die ausführliche Darstellung in Teil lV, Kapitel 12 „Das Schöpferische in uns".)

Geist

Geistige Kraft ist die Kraft der Erneuerung. Diese wunderbare göttliche Ursprungskraft ist eine universale Haupteigenschaft, aus der alles geschaffen wurde und immer neu entsteht. Sie ist die Kraft der ewigen Regeneration, die in ihrem Wirken nie stillsteht. Geistige Arbeit ist immer an die Eigenschaft der Erneuerung gebunden. Wenn ein Mensch geistig ist, so bedeutet dies, daß er sich feineren Schwingungen öffnen kann und einen Weg sucht, der es ihm ermöglicht, neue Gesetze des universellen göttlichen Geschehens zu erkennen.

Die Auraschicht, welche mit dieser Kraft ausgestattet ist, gibt ihr vorbereitetes Wissen an die Seelenaura weiter, die mit ihren vielen Möglichkeiten reagiert, ausprobiert, regelt, tut und läßt, denn das Material, welches von der geistigen Aura abgegeben wird, muß praktisch erprobt und geübt werden. Dabei entsteht Wirrwar oder Verstehen, denn geistige Tätigkeit hat etwas mit Bewußtmachen zu tun.

Seele und Psyche
Die Seele ist eine sammelnde und zusammenhaltende Instanz im Menschen. Sie bildet die zweite große Auraschicht und setzt sich zusammen aus vielen Eigenschaften, die sich ergänzen. Die aktiv koordinierte Tätigkeit der Seele fördert das Zusammenspiel all dieser Eigenschaften.
Unser Seelenpotential ist auch in unserem Charakter enthalten. Diese beiden bestimmen unsere Gefühlswelt. Die Gefühle wiederum werden durch die Psyche ausgedrückt.
Die Persönlichkeit und das Ich sind veränderliche Teilaspekte der Seele.

Egokraft
Die Egokraft ist ein Aspekt oder eine Instanz der Seele. Sie ist ihrer Natur nach eine Tatkraft, die den Menschen vorwärtsbringt. Somit ist sie wegbereitend für Fortschritte, die Erneuerung ermöglichen. Das Arbeiten an der eigenen Entwicklung mit Hilfe der Egokraft bringt es mit sich, daß immer wieder gewählt werden muß, wenn sich zwei mögliche Wege anbieten. Somit fällt der Egokraft auch eine unterscheidende Tätigkeit zu.
Diese natürliche, gottgewollte Kraft kann auch negativ gebraucht werden, wenn der Mensch seinen freien Willen dazu benutzt, ohne Einsicht, Liebe und Einheit zu handeln; dann wird das Egopotential wild, ungeordnet und negativ gebraucht. Die Egokraft mit ihrer Tatnatur strebt ohne Weisheit nach Befreiung aus dieser Unordnung, was dann wiederum zu Zwängen, Verdrehungen, Ungeduld und allen möglichen Verwirrungen führt. Wir sprechen dann von neurotischem Handeln. Das Tätigwerden der Egokraft

bedeutet in diesem Fall Druck, der die quälenden Gefühle und Gedanken noch mehr verhärtet, verheddert und verstärkt.

Durch weise Verwaltung können die positiven, reinen Grundeigenschaften der Egokraft genutzt werden.

Persönlichkeit

Die Persönlichkeit des Menschen ist ein Aspekt seiner irdischen *Identität*. Sie bildet sich aus den Eindrücken und Erfahrungen, die der Mensch im Laufe seines Lebens sammelt und ist zentraler Ausdruck des Selbst. (Das Selbst ist die ganze Identität, die sich inkarniert hat.) Die Persönlichkeit ist Ausdruck einer Person.

Unter *Charakter* werden die Grundeigenschaften verstanden, die ein Mensch ins Leben mitbringt und die mitbestimmen, wie er seine Persönlichkeit ausbildet.

Ich

Das Ich ist ein Teil der Persönlichkeit. Es kristallisiert sich, Mitte findend, aus der Persönlichkeit heraus, indem es sich als Ich erkennt: ICH lerne, springe, tue und bin.

Die Persönlichkeit ist das, was dieses zentrale Ich umgibt. Sie ist ein wesentlicher Teil der Ausstrahlung eines Menschen.

Das Ego ist ein Energiefeld, das mit dem Ich verbunden ist. Mit seiner Tatkraft hilft es das Ich bestimmen und herausbilden.

Kapitel 3

Disharmonie, Krankheit, Angst, Destruktivität

Als Teil der allumfassenden göttlichen Ordnung sind wir immer angeschlossen an die universalen Kräfte. Es liegt aber an uns, ob wir schöpferisch oder zerstörerisch mit ihnen umgehen.

Oft benutzen wir unseren freien Willen zu falschem Tun. Wir spüren uns nicht ein in das, was eine bestimmte Situation aus ganzheitlicher Sicht heraus von uns verlangen würde, sondern folgen den Anweisungen unseres negativen Ego, das sich gern zum Herrn unseres Lebens aufspielt. Zustände wie Angst, Nervosität und seelisch-körperliche Not sind die Folge. Die Angst ebenso wie jede andere emotionale Befindlichkeit überträgt sich dann auf die Organe des Körpers.

Der Körper würde von sich aus keine Streß-Situationen produzieren. Die Organe haben durchaus ein Eigenleben, doch ist dieses immer abhängig von dem System, das ihnen übergeordnet ist. Und dieses System ist die Seele. Durch die Körperaura ist sie verbunden mit jeder Zelle. Wenn die Seele Freude und Frieden spürt, kann sie auch Zerstörtes wieder harmonisieren. Sobald wir uns in unsere Unzulänglichkeiten verstricken, blockieren wir den Fluß unserer Energien, und das ist schmerzhaft und erzeugt Ängste. Angst aber ist eine Verhinderungsübung an etwas Gutem, und sie erschüttert unser Selbstvertrauen. Menschen, die in dieser Zwangslage sind, können nicht mehr gütig und wohlwollend über ihre eigene Person denken und empfinden, und so verlieren sie ihre eigene Mitte.

Natürlich reicht es nicht, daß wir sagen: „Angst geh weg!" Denn die Angst ist ein Gefühl und gehorcht nicht. Die Gefühle haben keine Identität, sie sind so etwas wie Produktionen der menschlichen Seele. Wichtig ist, daß es uns gelingt, den „Gefühlsakt" im Innern umzupolen. Dies geschieht nicht etwa, indem wir die Angst bekämpfen - wir wären immer der Verlierer in diesem Kampf , sondern indem wir uns selber in unserem innersten Ursprung, einschließlich unserem Körper, annehmen und uns auch gegen die widrigsten Umstände lieben.

Die widrigen Umstände werden sich dann von allein auflösen. Denn sie sind der Spiegel unseres Seins. Auch Selbstmitleid und Selbstzweifel ziehen mehr schmerzhafte Korrekturen vom Schicksal an als der angeblich „Bescheidene" wahrhaben will. Dieser scheinbar demütige Mensch lebt lediglich die Umkehrform von Despotismus. Beides ist unwürdig. Beides ist seinsfremd.

Weshalb nur sehen wir uns nicht so vollkommen und golden wie Gott uns schuf? Weil wir feige sind, weil wir den Mut verlieren, und weil wir die gräßliche Untugend der Selbstzucht verteidigen! Der Henker und sein Knecht sind wir!

Der Henker ist derjenige Teil in uns, der alles und jedes Ding aufbauscht und einen Haken daran findet. Der Knecht sind ebenfalls wir, denn wir meinen, dem Henker gehorchen zu müssen. Aber diese Gesetzgebung ist eine Erfindung von uns! Wir selber bestimmen die Regeln für unser Tun, wir beurteilen, verurteilen und zerfleischen uns. Der Knecht in uns ist unsere unbewußte Anpassung an menschliche (nicht göttliche) Spielregeln. Der Knecht in uns hat kein Urteil, vermag keine Klischees abzubauen, er tut einfach seine Pflicht und führt gehorsam das aus, was wir ihm vorprogrammiert haben. Dieser unbewußte Teil in uns arbeitet für uns oder gegen uns, je nachdem, welche Gedanken und Gefühle wir ihm eingegeben haben.

Die Liebe zum Sein beinhaltet, daß göttliche Strukturen sich nicht mehr bekämpfen, sondern geordnet miteinander ihre Aufgabe erfüllen und leben.

Jeder Seelenzustand ist eine bestimmte Schwingungsfrequenz. So unterschiedlich wir uns fühlen, so verschieden sind auch die Frequenzen. Dies ist in den Chakras und Auras sichtbar, insbesondere in der Körperaura, die sich als erste Auraschicht ganz eng um den Körper herum schmiegt. Sie ist die Ausstrahlung unseres menschlichen, fleischlichen Körpers und besitzt die Kräfte des Körpers, jedoch auf feinstofflicher Ebene. Ist der Körper nicht im Besitz seiner vom Geist gespeisten Kraft, so kann er sich nicht erholen und stirbt.

Diese Körperaura kann der Mensch sehen lernen, denn sie ist nicht so fein wie die anderen Auraschichten. Die Kirlianfotografie*) ermöglicht die Sichtbarmachung dieser Auraschicht, so daß wir daraus Rückschlüsse auf die Gesundheit des Körpers ziehen können. Wir brauchen jedoch ein geübtes Auge, um die feinen Strahlen auf dem Foto für eine differenzierte Diagnose und Therapie interpretieren zu können. Nicht alles, was wir aus der Aura ablesen, ist im Körper bereits manifestiert. Es ist ein Flimmern, das vom Körper aus vibriert. Energetische Unter- oder Überfunktionen äußern sich in zu schwach oder zu stark abstrahlenden Stellen.

Die Aura vibriert bei Angst und Depression anders, weniger schön als in Zuständen verströmender Liebe. Werden seelische Verhärtungen und Blockaden aufrechterhalten, zieht sich die ganze Aura zusammen. Und genauso ziehen sich auch die Chakras zusammen.

Wenn die Grundhaltung eines Menschen harmonisch ist, bleiben mißglückte Alltagssituationen lediglich Bagatellen. Zwar ist jede Bagatelle auch eine Stimmung der Seele und äußert sich entsprechend in der Aura. Aber die Reflexe der Aura sind nicht gravierend und lösen sich schnell wieder auf, wenn die Streß-Situation nur vorübergehend ist. Machen wir aber ein Drama aus der Bagatelle und steigern uns weiter in „gesuchte" Konflikte hinein, so reagiert die Aura entsprechend heftig, und es entstehen Zank und Streit. Die in Unordnung geratene Aura zeigt sich entweder nervös oder lahmgelegt. Immer wird Frustration vom feinstofflichen Körper registriert, und die Aura bleibt so lange zusammengezogen, wie der innere Kriegszustand anhält.

Ein weiteres Problem sind unsere Illusionen. Die Flucht vor unserer eigenen Unzulänglichkeit treibt uns an, „abzuheben", Luftschlösser zu bauen und in einer Scheinwelt zu leben. Illusionen zerstören den ganzen Organismus, denn es fehlt ihnen die Qualität der Liebe und echter Geistigkeit. Liebe und echte Geistigkeit verwirklichen sich nur, indem wir im direkten Kontakt mit der Realität, mit dem Erdboden, mit unserem physischen Körper bleiben. Wir sollen mit beiden Beinen auf der Erde stehen und uns auf diesem Planeten verankern.

Schließlich sollten wir uns auch darüber im klaren sein, daß wir mit unserem destruktiven Handeln nicht nur uns selbst zerstören, sondern auch destruktiv auf unsere Mitmenschen und auf das ganze Universum einwirken. Wir unterbinden eigenhändig die Quelle der göttlichen Energiezufuhr, solange wir uns nicht als Teil des göttlichen Organismus erkennen und lernen, uns in Selbstliebe anzunehmen.

*) Eine spezielle fotografische Aufnahmetechnik, um ein Teilgebiet der Körperaura sichtbar zu machen.

Kapitel 4

Die Verantwortung des Menschen

Der Frieden in der Welt kann sich nur einstellen, wenn die Erde nicht so „stinkt". Mißtöne sind im feinstofflichen Bereich nämlich nicht nur sichtbar, sie sind auch als stinkende Ungeheuer und Düfte wahrzunehmen. Der Friede in der Seele ist ein blühendes Etwas, er erfreut die Welt mit seinen Düften. Solche Duftblumen sind rar, doch erinnern wir uns: Schon der Same birgt eine Blume in sich. Wir haben das Potential, diese Blume zur Entfaltung zu bringen - Nahrung ist genug vorhanden.

Die Kraft der Liebe

Die Liebe bringt Energie und Freude ins Herz. Das Herz aber ist das Zentrum unseres Seins. Und es ist einzig und allein die Liebe, die uns in neue Seinsbereiche zu führen vermag. Die scheinbar so einfache Aufgabe ist doch die grundlegendste und schwierigste: uns selbst anzunehmen und zu lieben. Die Meisterung dieser Aufgabe ist abhängig von unserem inneren Willen. Seien wir uns dessen bewußt, daß keine nach außen gerichtete Leistung, keine heroische Tat mehr Willen erfordert, als diese scheinbar so einfache Sache, uns selbst zu lieben.

Wir können uns aber in diesem Willen bestärken, indem wir uns immer wieder vor Augen halten, daß wir, indem wir uns selbst akzeptieren und uns lieben, gleichzeitig die göttliche Kraft, die gesamte Schöpfung akzeptieren und lieben.

Aber wie können wir diese Liebe entwickeln? In kleinsten Schritten. Indem wir, zum Beispiel, unser Verhalten beobachten, unsere Wutausbrüche, unsere Tränen, unseren Zynismus oder unsere Trägheit, und uns fragen, welche Situationen solche Reflexe hervorrufen. Wenn wir für uns herausfinden, daß diese oder jene Vorkommnisse zielsicher diese oder jene Reaktionen auslösen, dann sind wir der Liebe schon etwas näher. Denn Erkennen hat auch etwas mit Versöhnen zu tun. Und versöhnen können wir uns nur mit dem, was wir kennen. Der Liebe aber liegt eine große Versöhnung zugrunde.

Liebe hat auch viel mit Vertrauen zu tun. Vertrauen in uns selbst zu haben bedeutet, uns selbst als Gottheit anzunehmen oder doch zumindest als den Teil Gottes, der wir selber sind. „Der arme Sünder" ist eine Erfindung des Menschen, die den göttlichen Gesetzen Hohn spricht. Der Organismus, in dem wir leben, ist gottgewollt und keiner Sünde fähig!

Lernen wir also, uns zu verzeihen. Versöhnen wir uns mit dem, was wir als unsere Unzulänglichkeiten bezeichnen. Und versuchen wir, uns ohne Unterlaß aus den Schwierigkeiten herauszuentwickeln und uns positiv zu stärken.

Im Laufe der Menschheitsgeschichte hat sich die Lust am Leben immer mehr in Unlust gewandelt. Die Liebe zur Schöpfung und damit auch zu uns selbst ging immer mehr verloren. Der Gottesgedanke aber ist und bleibt Liebe. Ein liebender Mensch ist sich selbst ein würdiger Partner. Das ist natürlich nicht in dem Sinne gemeint, daß er keines Partners mehr bedarf, nur muß der „irdische" Partner nicht mehr die Rolle des Glücksbringers erfüllen. Das eigene Wohlergehen ist nicht mehr vom Wohlwollen und der Bestätigung durch andere Menschen abhängig. Indem wir uns selbst lieben lernen, übernehmen wir die Verantwortung für unser Glück.

Ehe oder Partnerschaft als Ergänzung und Erfüllung im natürlichen Verlauf eines Lebens sind etwas Wunderbares. Nur sollten sie nicht zentraler und beherrschender sein als die Liebe zu Gott. Die uralte Weisheit, die in dem Ausspruch steckt „Liebe deinen Nächsten wie dich selbst", besagt ja nichts anderes als daß nur derjenige, der sich selbst und seine Göttlichkeit voll und uneingeschränkt liebt, fähig ist, einen anderen Menschen wahrhaft zu lieben. Denn Selbstverleugnung erzeugt Haß. Und Haß ist der erklärte Feind der Liebe.

Wir sollten uns darum stets bemühen, unseren Zweifeln an uns selbst und unserem Selbsthaß keinen Raum mehr in unserem Inneren zu geben, dann können unsere Selbstwertgefühle in diesen Raum hineinwachsen und keine noch so hoch gestellte Autorität wird die Macht haben, über unseren „Wert" zu bestimmen. Wir allein tun es, im Dialog mit Gott.

Die Arbeit der Selbstfindung

Es ist schon an verschiedenen Stellen deutlich geworden, daß die Umwandlung unserer negativen Einstellung zu uns selbst, zu unserem Körper, unserem Selbstwert, aber auch zur Welt überhaupt nur durch ein stetiges Bemühen unsererseits zu erreichen ist. Es geht um die Art der Zusammenarbeit mit unserem inneren Selbst. Sind wir destruktiv oder können wir die Dinge liebend annehmen?

Es gilt also, unsere „negative" Seite zunächst einmal ins rechte Licht zu rücken. Der erste Schritt zu uns selbst beginnt damit, daß wir uns in unserer gegenwärtigen Unzulänglichkeit einfach annehmen. Das ist ein Schlüssel zu jedem Neubeginn im Leben. Wie wollen wir ernsthaft etwas lernen, wenn wir uns keine Fehler zugestehen? Auch mit Fehlern sind wir wertvolle Geschöpfe Gottes. Halten wir uns nur einmal ein Kleinkind vor Augen. Schauen wir ihm ab, wie es mit ungebrochenem Eifer zu gehen versucht, hinfällt, wieder aufsteht, von neuem hinfällt, aufsteht und so fort, bis es aus seinen Fehlern, nämlich dem Nichthalten der Balance, soviel gelernt hat, daß es nach jedem Sturz ein klein wenig mehr Erfahrung und Zutrauen in sein Können gewonnen hat. Kein Kind hat sich je durch seine anfänglichen Fehlleistungen davon abhalten lassen, das Gehen im aufrechten Gang doch noch zu lernen, und kein einziges Kind im Krabbelalter käme auf die Idee, sich wegen seines Nochnichtgehenkönnens zu verachten. Denn das Kleinkind liebt sich, auch im Hinfallen. Und genau deshalb lernt es gehen.

Wer Selbstzweifel und Selbstzerstörung hinter sich läßt und seine Liebesfähigkeit entwickelt, wird sich in eine neue Situation bringen. Diese neue Ordnung ist erkennbar an der Blütenpracht des inneren Selbst, die im feinstofflichen Bereich des Menschen sichtbar ist.

Wer die Eigenentwicklung vorantreibt, seinen Energiehaushalt und die Verbindung zum inneren Selbst zu verstehen sucht, wird immer neue Aspekte des Seins erfahren und auch Hellsichtigkeit entwickeln. Diese Fähigkeit allein ist zwar noch keine Garantie dafür, daß wir sie auch verantwortlich nutzen. Sie bietet uns aber eine zusätzliche Möglichkeit, die eigenen Energien in positive Bahnen zu lenken und damit anderen Menschen echte Unterstützung zu geben beim Anzünden ihres Lichtes. So verstanden bedient diese Arbeit kein negatives Egobedürfnis, sie ist vielmehr echte, umfassende Liebe zum Mitmenschen.

Sein eigener Meister werden.
Wie schon an früherer Stelle erwähnt, hat unser Selbst die Aufgabe, unsere Bewußtseinsprozesse im Erdenleben voranzutreiben. Dieses inkarnierte Selbst wird aber gespeist aus einem nichtinkarnierten Teil, den ich als das Höhere Selbst bezeichnet habe.

Obwohl wir beide Teile immer schon „sind", ist uns dieser Umstand häufig nicht bewußt, und wir machen daher keinen bewußten Gebrauch von dieser unerschöpflichen Quelle der uns innewohnenden Weisheit. Es gehört daher zu unseren Aufgaben, die Verbindung von Selbst und Höherem Selbst wiederherzustellen. Diese Koordination bewirkt, daß wir uns als vollkommene Wesen erkennen und annehmen können. Die Voraussetzung für dieses Geschehen ist eine Haltung der Liebe und Demut.

Je mehr es uns gelingt, uns an die Quelle der inneren Weisheit anzuschließen, desto mehr neue Dimensionen eröffnen sich unserem Geist und unserem Tun. Und schließlich machen wir dabei die Entdeckung: Der raffinierteste Computer sind wir selbst!

Unsere Informationsspeicherung im Gehirn wird potenziert, sobald wir einen inneren geistigen Weg gehen. Computerspezialisten stoßen immer wieder auf ihre eigenen Unzulänglichkeiten, denn ihre Computer sind ja ein von Menschen gemachtes System und deshalb begrenzt. Die Speichermöglichkeiten im Menschen hingegen sind unbegrenzt, und es ist durch geistiges Erwachen möglich, sie zu erschließen. Unsere Computeranlage ist geometrisch angeordnet und in den feinen Frequenzen, die um den Körper schweben, sichtbar. Dieses System erweitert sich, je mehr wir uns im Spirituellen zumuten und zutrauen. Mit der Verbindung zum Höheren Selbst kann ein Mensch schließlich so sensitiv werden, daß er sogar die Erdsphäre überwinden lernt, Herr wird über die Materie, diese auflösen oder ganz neue Dinge entstehen lassen kann. Doch zuvor bedarf es einer langen Schulung, die viel Geduld und die Bereitschaft erfordert, uns in unseren Eigenschaften anzunehmen. Bei dieser Schulung ist die Begleitung durch entwickelte Menschen, Medien oder Sensitive wichtig. Diese Menschen leben uns vor, wie wir den Schlüssel zum eigenen Computer entdecken und damit alle unsere Fähigkeiten zum Blühen bringen können. Sie sind „Meister ihrer selbst", und das sollte auch unser eigenes Ziel sein. Es gilt, den je eigenen, individuellen Weg zu finden, denn jeder Mensch ist von Grund auf anders und neu. Und somit ist auch unser individueller Entwicklungsweg beim Erwerben der Meisterschaft immer anders und neu.

Die Mitte finden - Gottheit sein

Die göttliche Struktur in uns ist eine Form des Bewußtseins. Denn Gott wohnt in uns allen, sind wir doch aus der göttlichen Kraft aufgebaut. Wir selbst sind göttliche Materie, und diese Materie ist Liebe. Gott ist Liebe und ewig im Sein. So ist jeder Mensch ein Gott, ewig und in Liebe aufgebaut und in Licht gehüllt. Glauben wir an unser Licht, so wird es leuchten und erglühen. Dieses „Lichtwerden" ist erlernbar, erkennbar und erfühlbar.

Wenn wir das Licht sehen lernen, es berühren und spüren, können wir uns schließlich nicht mehr hassen. Wir berühren uns gern, denn wir lieben das Licht mehr als den Schatten in uns. Es ist ein Irrglaube, wenn wir meinen, das Licht sei nicht in uns, sondern nur in Gottes Schoß.

Hoffnung ist eine Frequenz auf unserer Lichtwerdung, die uns stützt und befähigt, uns Irrtümer einzugestehen, ohne dabei destruktive Gedanken entstehen zu lassen. Fehler sind nämlich viel leichter zu beheben, wenn wir unbeirrt daran glauben, daß trotz aller Rückschläge oder Stagnationsphasen eine innere Ordnung besteht. Um diesen Vorgang besser zu begreifen, ist das Bild der

Spirale hilfreich. Wir werden wie in einer Spirale angehoben und dabei immer wieder und wieder mit Varianten der noch zu bearbeitenden Probleme oder auch mit ganz neuen Problemen konfrontiert, und dies auf einer immer höher entwickelten Bewußtseinsebene. Unsere Fähigkeit, mit dem Licht umzugehen, nimmt von Stufe zu Stufe zu, und wir können Konfrontationen mit Freude und in Demut vor der Schöpfung annehmen.

Wohl wechseln wir die Ebenen oder Bewußtseinstufen, aber wir sind immer noch w i r. Genauer gesagt, wir werden immer mehr wir. Unser Verhalten wird mehr und mehr deckungsgleich mit unserem Sein. Wir nähern uns unserer Mitte, der Erfüllung unseres irdischen Lebens. Was bedeutet es nun, die eigene Mitte zu finden? Es heißt nichts weniger, als die Gottheit in uns zu finden. Dazu bedarf es keiner kirchlichen Institutionen, keines politischen Systems, keines Papstes und keines Gurus, keines Idols und keiner dogmatischen Glaubenslehre. Glaubenskriege sind der beste und fatalste Beweis für diesen Irrtum! Im Namen Gottes kann es kein Bekämpfen, kein Verurteilen und kein Rechthaben geben. Im Namen Gottes können wir nur unsere je individuelle Reinheit leben.

Das bedeutet, daß wir eine einzige Autorität anerkennen: die göttliche. Kein Mensch, kein äußerer Umstand wie Prüfungen oder Schicksalsschläge, Verluste oder Krankheit, kein Vorgesetzter und nicht einmal die väterliche oder mütterliche Autorität haben Macht über uns oder mehr Macht über uns, als die uns innewohnenden Kräfte Gottes. Es nützt nichts, wenn wir uns von außen mit Gewalt zwingen lassen, etwas zu tun. Vollendung und Frieden finden wir nur in jenen Unterfangen, die wir aus unserem tiefsten Inneren, aus unserer Verbundenheit mit dem Göttlichen, nur in Absprache mit unserem innersten Sein ausführen. Im Volksmund heißt das einfach: Wir haben einen sicheren Instinkt.

Instinkt ist eine Gabe, die ein tiefes Wissen beinhaltet. Ein Tier weiß genau, was es wann zu tun hat, denn es gehorcht ohne zu zweifeln und zu fragen dem Gesetz der Schöpfung. Es wird geführt und erledigt instinktsicher seine Aufgabe. Gleich nach unserer Geburt haben wir noch diesen sicheren Instinkt: Das Baby weiß, daß es an der Mutterbrust saugen muß, um genährt zu werden. Babies wissen so viel mehr, als wir Erwachsenen ahnen. Doch dann werden sie erzogen, um in einer Welt zu überleben, in der Wut, Haß, Ungerechtigkeit, Streß, Neid und Eifersucht herrschen. Der erwachsene Mensch braucht dann sein ganzes weiteres Leben, um zu seiner göttlichen Mitte zurückzufinden und durch diesen Prozeß in ein höheres Bewußtsein zu gelangen.

Und damit tut sich eine neue Welt auf. Alles wird wohlriechender und klangvoller. Das Leben wird ein Reigen von Tönen, Formen und Farben, und wir sehen Dinge, die Menschen normalerweise unsichtbar bleiben. Damit wir dieses wachsende Blühen noch besser erkennen und intensiver erfahren können, wollen wir nun eingehender die Chakras und Auras betrachten und uns an ihrer lebensspendenden Energie erfreuen.

II DIE ANATOMIE DER FEINSTOFFLICHEN KÖRPER

Kapitel 5
Sieben Hauptchakras und weitere Hauptchakrareihen, die unsere Mitte bilden

Die Chakras sind verschieden angeordnet und in verschiedenen Formationen anzutreffen. Im folgenden sind einige davon aufgezeichnet. In Abb. 1 (Farbt. I) ist die am häufigsten besprochene und bekannteste Chakrareihe dargestellt. Diese sieben Chakras bilden eine Einheit. Alle sieben Zentren sind Hauptenergiepunkte, die unser Seelenleben stark beeinflußen. Durch sie leben wir, fühlen etwas, spüren unseren Halt oder besser unsere Mitte. Sie stellen eine Achse dar, die wirklich vorhanden und zu spüren ist, wenn wir auf sie achten. Da die Mitte aber nicht nur von einem System abhängig ist, können wir weitere (ebenso wichtige) Mittelachsen aufzählen. Die Abbildungen 2 a-e (Farbt. II) zeigen die zusammenhängenden Systeme, welche aneinandergekettet sind und die Achse bestimmen. Die Systeme a und b wiederum gehören zusammen und ergänzen sich perfekt. Sie bestimmen unsere Gefühlswelt sowie unser Bewußtsein.

Wenn der Mensch sich entwickelt, werden diese Zentren geöffnet und als erste bewegt oder regeneriert. Die Hauptachsen a und b (Abb.2) werden durch die beiden Herzzentren in diesen Systemen erneuert und verankert. Deshalb müssen wir zuerst liebesfähiger werden, wenn wir beide Systeme öffnen wollen. Ohne Liebe kein Fortschritt! Werden Zentren erweckt, gedeihen diese Chakras und erhalten mehr Volumen, also mehr Lichtenergie. Viele weitere Zentren erwachen dabei. Zuerst müssen die Chakrareihen der Achsen a und b geläutert, veredelt und vergrößert werden, denn sie bilden unsere Mitte! Und dies ist auch der Grund, weshalb hier eben die

Reihen a und b genauer beschrieben werden. Diese beiden Chakrareihen sind mehr als andere daran beteiligt, unsere geistige Entfaltung zu fördern. Durch ihr stetiges Zunehmen an Volumen können nach und nach die anderen Achsensysteme, die sich vorn und hinten im Körper befinden, besser gedeihen und sich ebenfalls vergrößern.

Das hört sich nach irdischen Vernunft-Gesetzen unlogisch an. Man müßte doch annehmen, daß sich durch eine Vergrößerung des Volumens einer Chakrareihe naturgemäß eine andere Chakrareihe verkleinern muß, um Platz zu schaffen. Aber die göttlichen Gesetze gehorchen anderen Regeln: wächst eine Chakrareihe, haben die anderen ebenfalls mehr Chance zu wachsen. Stufenweise gehen Chakras auf und erblühen. Dadurch fließen mehr Energien in alle Systeme der Aura, so daß der gesamte Frequenzhaushalt erhöht wird und zu blühen beginnt.

Es gibt mehrere Chakra-Ansammlungen von der Art, wie sie in Abbildung 2 dargestellt sind. Jedoch sind sie nicht „die Mitte bildende Energie" und für uns deshalb nicht primär zu entwickeln. Wir sind ausgefüllt mit Tausenden von Systemen, die am Energiehaushalt wirksam beteiligt sind. Viele Systeme haben nebeneinander Platz, sind ineinander und aufeinander angeordnet. Da sich beim Entfalten der Energien neue Systeme öffnen, werden dadurch Chakras frei, die vorher nur spärlich oder gar nicht nachweisbar waren.

Akupunktur zum Beispiel, eine Heilmethode, die vor vielen tausend Jahren entdeckt wurde und bis heute funktioniert, bewegt sich innerhalb eines bestimmten Systems - es gibt jedoch noch viele andere Systeme und Nebensysteme.

Jeder Punkt des Körpers ist eine Reflexzone für irgendein Organ oder dessen Umgebung. Körperfunktionen werden aufrechterhalten durch diese feinstofflichen Chakras und deren Energiekanäle. Alles im Körper ist dicht besetzt mit der feinstofflichen Welt, die wir sind; wir durchdringen, umfließen und umweben jedes kleinste Detail. Wir Menschen dürfen somit behaupten, daß wir unseren Körper besitzen, umschlingen und damit eine Verbindung pflegen, die uns lehrt, uns zu entwickeln.

Durch den Körper können wir langsam aber sicher mehr erkennen.

Diese Erfahrung hilft uns auszusteigen aus den alten Verhaltensmustern, um damit neue zu kreieren. Immer ist etwas in Bewegung, auch wenn die alten Nöte und Ängste nochmals auftreten und uns behelligen. Wichtigstes Chakra, weil wichtigster Entfaltungspunkt, ist das Herzchakra.

Jedes einzelne Chakra der sieben Hauptchakras steht in seinem Energiehaushalt zu je einem anderen Chakra innerhalb dieser Reihe in spezieller Weise und ganz unterschiedlich in Beziehung. Da in jedem Chakra noch eine weitere, zweite Chakrakugel schwingt, wollen wir diese näher betrachten.

Die innere Chakrakugel des Sexualchakras zum Beispiel hat die gleiche Frequenz wie das Scheitelchakra. Demzufolge stellt die innere Kugel des Scheitelchakras die gleiche Chakraart dar wie die des Sexualchakras. In gleicher Weise korrespondieren Milz- und Stirnchakra, sowie Leber- und Halschakra. Das Herz mit seinen beiden Chakrakugeln (zwei verschiedene Rosa-Eigenschaften) ist schwingungsgleich! Auf der linken Seite der Abb.1 (Frabt. I) sind diese inneren und äußeren Chakras und ihre je liierten und korrespondierenden Chakras aus derselben Hauptchakrareihe schematisch dargestellt. Jedes der sieben äußeren Chakras besitzt spezielle Schwingungselemente, die zahlenmäßig im Sexualchakra mit einem, im Milzchakra mit zwei Elementen etc. ... bis zum Scheitelchakra mit sieben Elementen vertreten sind.

In der inneren Pendantkugel ist die Anzahl in umgekehrter Reihenfolge angeordnet. So hat die innere Kugel des Scheitelchakras ein Element, das innere Stirnchakra zwei Elemente etc. ... bis zum untersten Chakra, wo in der inneren Kugel sieben Schwingungselemente herrschen. Es ist interessant festzustellen, daß die Summe der Schwingungselemente der inneren und äußeren Chakrakugeln in der Siebener-Hauptchakrareihe immer die Zahl Acht ergibt.

Dasselbe Ordnungsprinzip mit innerer und äußerer und je nach oben beziehungsweise unten korrespondierender Chakrakugel gilt auch für die Zwölfer-Chakrareihe (s.S. 50). Allerdings ergibt die Summe der Schwingungselemente der inneren und äußeren Chakras innerhalb der Zwölfer-Reihe nicht die Zahl Acht, sondern immer die Zahl Dreizehn!

In dieser Zwölfer-Reihe ist also, wie oben angedeutet, das unterste äußere Chakra durch ein Schwingungselement ebenfalls verbunden mit dem obersten Chakra, das zwölf Elemente trägt. Und das zweitunterste Chakra (Kreuzbeinchakra) ist mit dem zweitobersten (Epiphysenchakra) liiert und so weiter, bis zu den Chakras, die Hals und Herz mit je sechs bzw. sieben Schwingungselementen miteinander verbinden. Das bedeutet, daß in dieser Reihe kein schwingungsgleiches Chakra ist. Nur das Herzchakra in der Siebener-Reihe hat seine Farbeigenschaften (Rosa) und Schwingungselemente (vier) in absolutem Einklang!

Die sieben Hauptchakras
(siehe Abb. 1 und Reihe a in Abb.2, Farbt. I u. II)

Chakra 1: Das Sexualchakra

Dieses Chakra ist mit den Hoden oder Eierstöcken verbunden. Es stimuliert die Geschlechtshormone und deren Funktionen für die Fortpflanzung und läßt Eizellen und Samenfäden ausreifen. Es ist auch verantwortlich für die Art der Chromosomen und deren Anzahl in der Eizelle. Ferner stimuliert es das Anschwellen des männlichen Gliedes.

Seine Grundeigenschaft ist rot. Diese Rotkraft braucht der Mensch, um zu existieren. Sie ist der Sexualkraft gleichgestellt. Derjenige, der diese Kraft richtig lebt, kann sie mit oder ohne Sexualität nutzen. Es ist sogar so, daß der Sexprotz seine Energien verschleudert, wodurch eine Leere entsteht, die ihn dazu bringt, andere auszusaugen. Er nimmt statt zu geben und verschleudert das, was er genommen hat. Anstatt seine Sexualkraft weise zu verwalten, verhindert er ihre heilsame Wirkung.

Diese Energie kann man auch als Vitalität, Körperkraft, Gesundbrunnen und Lebenselixier bezeichnen. Wichtig ist aber zu wissen, daß auch eine ausgewogene Ernährung dem Körper Vitalität, d.h. die Lebensenergie, bringen kann. Denn die Pflanzen werden im feinstofflichen Bereich durch Energien gespeist, die der Sexual- oder Vitalenergie gleichzusetzen sind. Sowohl durch den Körper als auch durch die Seele wird der Mensch von der göttlichen Energie durchdrungen. Rein irdisch gelebt, meinen wir mehr durch den Körper zu erleben und wahrzunehmen. Das seelische Gleichgewicht hingegen wird dann hergestellt, wenn wir die sexuelle Kraft im irdischen und im seelischen oder geistigen Bereich leben lernen. Die Wahrnehmung des Körperlichen spielt sich im Körper ab. Das seelische Wahrnehmungsvermögen aber erwächst aus der Synthese von Fleischlichem und Feinstofflichem. Unser gesamtes Organsystem basiert auf dieser Kombination. Der auf Erden lebende Mensch ist und bleibt unklug, solange er mit seinen Energien nicht richtig umzugehen weiß. Der Verschleiß an wertvollen Energien ist enorm. Denken wir nur an die Tatsache, daß Menschen, die sich mit ihrer Muskelkraft brüsten, ihre Vitalkraft zu einseitig in ihre Muskeln fließen lassen. Und so verwandelt sich wertvolle Vitalenergie in geistlose Vitalkraft. Denn im Geist wird die Kraft umgesetzt, gesteuert und als Werkzeug verwendet, um unsere Göttlichkeit zu speisen. Selbst unser Ego ist göttliche Energie. Deshalb muß unsere Egofrequenz bearbeitet, geschult und richtig kanalisiert werden.

Wir bestimmen also darüber, wie und wo unsere Energien fließen und wirken sollen. Wir sind die Engel, die die Vitalkraft auf Erden benutzen können, um damit Gutes zu tun. Und diese Energie ist an das unterste Chakra gebunden. Sie ist so stark, daß sie sogar die Erde, das Leben auf der Erde oder den physischen Körper umzugestalten vermag. Es ist eben jene Kraft, die es möglich macht, Körper zu dematerialisieren oder entsprechend wieder zu materialisieren (1).

Die umgekehrte Form von Energie ist im Pendant enthalten, in der Chakrakugel, die innerhalb der roten Kugel rotiert und in der

Farbe Violett schwingt. Dieses Pendant besprechen wir mit dem siebten Chakra. Tatsache ist, daß die hohe Form von Energie, die zum Geist gehört und dort eine spezifische Frequenz darstellt, einen Teil des unteren Chakras ausfüllt. Es sind Partner, die zusammengehören und sich sozusagen ergänzen. Das heißt, die eine Energieform bedarf der anderen, um vollumfänglich zur Geltung zu kommen.

Im feinstofflichen Bereich haben wir zur Ergänzung verschiedene Zentren, die mithelfen, den ganzen Wahrnehmungshaushalt aufrechtzuerhalten. Es sind zumeist die einfachen Chakras, die diese Arbeit tun und unsere Ganzheit unterstützen. Wir haben etliche Zentren in uns, die helfen und mitarbeiten. Diese können wir in Zonen einteilen und bei Bedarf benützen. So zum Beispiel bei Massage, Akupunktur, Akupressur, Fußreflexzonenbehandlung usw. Dasselbe gilt für die Geistheilung, bei der durch die Aura gearbeitet oder gewirkt wird, ohne den Körper zu berühren.
Das System bleibt sich in der Grundform immer gleich. Je mehr wir darüber wissen, umso plausibler wird uns die göttliche Struktur. Nicht nur bei den Tieren, auch bei den Pflanzen werden die Säfte durch dieselben Energien geleitet oder angespornt. Wir sind uns bewußt, daß wir auch eine Art Pflanze sind und des Sauerstoffs sowie des Wassers bedürfen. Ernährung durch die Mutter Erde heißt immer auch Energie aufnehmen, sei sie ätherischer oder pflanzlicher, tierischer oder sonstiger Natur. Wir verwesen und geben wiederum gute Nahrung ab für Pflanze und Tier. Denken wir daran, daß in der Energiewirtschaft auch Schlackenstoffe eine Frequenz sind oder eine Frequenz haben. Diese sind an sich nichts Negatives, schlimmstenfalls nicht gesund für unseren Körper. Deshalb lernen wir, mit dem Energiehaushalt der irdischen Sphäre umzugehen. Das ist unsere göttliche Pflicht und Aufgabe.

(1). Dematerialisation und Materialisation
Dematerialisation ist Auflösung von grobstofflicher Materie,
Materialisation ist Bildung von grobstofflicher Materie.

Chakra 2: Das Milzchakra

Das zweite Chakra reguliert die Milzfunktionen und leitet deren Stoffwechsel. Es schwingt in der Farbe Orange und ist ein Organ, das im feinstofflichen Bereich Gefühle er-„sehen" läßt. Da Gefühle zur Ein-„Sicht" in sich selbst führen können, darf man behaupten, daß dieses Chakra den Ausdruck des Innenlebens sichtbar macht. Der einsichtige Mensch versteht sein Gefühl als kreativen Ausdruck seines Selbst. Er ist fähig, Gefühle differenziert zu unterscheiden und zu ordnen. Nur so können Gefühle positiv freigesetzt werden. Denn Emotionen, welche die reinen Gefühle übertönen und verfälschen, sind immer negativ und außerdem aktiv daran beteiligt, ein falsch gelebtes Lebensprogramm zu fördern.

Das Milzzentrum in seiner Aktivität ist vom nächsthöher gelegenen Chakra abhängig. Dieses Leberchakra ist Verdauungsorgan für vieles, was der Mensch lebt, trägt oder nicht ertragen kann. Da das Leberchakra wie eine Pforte funktioniert (und zwar für gut wie für negativ Gelebtes), läßt es, je nach Lage der Dinge, den Blick auf die reinen Gefühle zu, oder aber es baut eine Barrikade vor die feine Gefühlswelt, die dem Milzchakra eigen ist.

Gerade die Milz erträgt nur Weisheit in Gedanken und Taten, denn sie lebt durch Herzensliebe. Wenn Negativität überhand nimmt und nicht mehr aufgelöst werden kann, wird der Druck des Leberchakras auf das Milzchakra derart unerträglich, daß der Milz Geborgenheit und Halt verlorengehen.

Das wiederum hat einen Einfluß auf jedes Organ des Körpers und erzeugt jegliche Krankheit. Denn die Milz ist Seelsorger für das ganze System, das durch die Gefühlswelt intakt bleiben soll. Das Milzchakra ist dazu da, nervenstärkend zu wirken. Und da unsere Gefühle an die Nerven gebundene Kräfte sind, wirken die guten Emotionen als Kraft zu positivem Sein. Das Milzchakra versucht sogar, selbst bei negativ gelebten Emotionen, das Nervensystem zu schonen und nicht zu irritieren. Kann es die positiven Funktionen nicht aufrechterhalten, verklumpt und verkrampft es sich, so daß spezielle Nervenkrankheiten, wie Irrsinn, entstehen können oder sich Ekzeme bilden, die durch ihren heftigen Juckreiz die Nerven strapazieren.

Je mehr Streß uns widerfährt, desto angezeigter ist es, Seelenmaterial zur Verantwortung zu ziehen, zu ordnen und mit Liebe unsere Unordnung abzutragen und zu heilen. Denn Streßsituationen sind Botschaften aus der Seele, die wir nicht wahrhaben wollen, die wir niederdrücken oder vergessen wollen. Genau gegen diese Untugend wehrt sich die Seele und gibt einen Impuls, der heißt: „Ich bin nicht einverstanden" oder „So ist es nicht richtig, nicht stimmig!" Gerade in solchen Momenten sollten wir nicht tun, als ob nichts wäre, oder noch schlimmer, die warnenden Impulse mit Gewalt und Bedacht wieder hinunterdrücken. Ein solches Verhalten führt direkt in die Neurose. Wir sollten durch inneres Sehen verstehen lernen, wie zerstörerisch wir mit uns umgehen. Nur so können wir unser Verhaltensmuster ändern und uns darin üben, Streß-Situationen aufzulösen. Das ist nicht ganz einfach, wenn jemand im „Sehen" noch nicht geübt ist. Denn unsere wahren Bedürfnisse sehen manchmal ganz anders aus, als das, was sich unser Kopf und unser Ego wünschen. Dank der Gefühle aber können wir viel Weisheit erlangen, vorausgesetzt, wir kooperieren konstruktiv mit ihnen.

Das Milzchakra ist also ein Sammelbecken von Gefühlen. Es sammelt die Eindrücke und Reaktionen, wertet sie aus, gibt sie weiter, und auf diese Weise entsteht ein wunderbares Milz-Impulssystem. Dieses wirkt sich, wie schon erwähnt, gesamtheitlich auf alle Systeme im Körperhaushalt aus und beeinflußt das gesunde Wachstum des Menschen.

Im Milzchakra befindet sich als inneres, zweites Chakra ein Chakra, das dem Stirnchakra gleich ist und dementsprechend blau schwingt. Es fördert ebenfalls das „Gefühle-Sehen" und kreiert all das, was in die Ruhe führt.

Chakra 3: Das Leberchakra

Dieses Chakra ist der Leber zugeordnet und leitet deren Stoffwechsel. Es schwingt mit der Eigenschaft Gelb. Wie erwähnt, hat das dritte Chakra viel mit den unbewußten Reflexen zu tun und ist wie die Milz stark an die Gefühlswelt gebunden. Hier werden die Gefühle registriert und angenommen. Erlebnisse, die unverdaubar erscheinen, können die Reflexe der Leber stark beeinträchtigen, und daraus entsteht Emotionskrieg. Diese Emotionen sind ein Aufschrei unseres Innersten, sie sind ein Signal des „Nichtverstandenwerdens".

Alles, was wir uns zuführen und zufügen, muß durch die Leber gefiltert und geläutert seinen Ausdruck finden. Jede Art von Emotionen hat ihren spezifischen Ausdruck. Positive Emotionen sind zum Beispiel Erbarmen, Entzücken, Freude an allem, was ist. Solch positives Erleben ist notwendig, um dieses Chakra in Gang zu halten. Es verbindet sich mit den Herzensgefühlen und bringt uns all das, was wir fühlen, ins Bewußtsein. Friede und Liebe gedeihen zwar im Herzen, aber sie werden durch Impulse von unten, also vom Leberchakra, in Taten umgesetzt.

Niere, Leber, Herz, Milz etc. sind Organe, die unseren Liebesgedanken folgen, und sie danken uns für das, was wir ihnen geben. Aggressiv geäußerte Emotionen wie Schimpfen, Schreien, Fluchen, Zischen, etc. sind Ausdruck von Ohnmacht. Da aber Seinswerdung immer auch mit seelischen Hindernissen verbunden ist, müssen auch diese Stimmlagen ausprobiert werden. Denn nur was wir kennen, können wir loslassen.

So gehören also auch das Fallenlassen und das Fehlermachen dazu. Wer sich nie fallen läßt, wird auch nie das Auflesen und das Aufstehen kennenlernen. Dazu gehört Mut. Und eben diesen Mut erhalten wir aus der Bauchregion. Fallenlassen positiv gelebt, heißt auch loslassen. Das ist nötig, um sich zu verändern! Die Leber kann nicht gut funktionieren, wenn sie überstrapaziert wird. So wird sie nie etwas loslassen können. Mehr noch, sie produziert bei permanenter Streß-Situation Gallensteine etc. Verhärtungen im Knochenbau sind ebenfalls Ausdruck von Schwierigkeiten, vom

Immer-Stehenbleiben und Nichtverändernwollen. Verknöcherung hat also viel mit dem Leberchakra zu tun! Ein verknöcherter alter Mensch hört nichts und sieht nicht. Er ist oft widerlich zu sich selbst und zu seinen Mitmenschen. Das braucht aber nicht so zu sein. Wer den Mut aufbringt, sich auch im hohen Alter aufzurütteln, sich zu verändern und sich - und damit anderen Menschen - etwas Liebe zu schenken, der könnte Verknöcherungen heilen können oder gar nicht erst aufkommen lassen.

Wie aber bewerkstelligen wir es, uns selber, die wir doch so hilflos sind, zu helfen?

Wir müssen zuerst die Gesetze erkennen, dann genauer kennenlernen und damit arbeiten. Wir müssen die Verknöcherung in uns anschauen und Parallelen zum eigenen Verhalten studieren, einschließlich aller Emotionen, die gelebt oder unterdrückt werden. Und an diesem Punkt beginnt die Versöhnung. Damit ist gemeint, daß wir wohl unsere Deformationen erkennen und loslassen sollen, daß wir uns für unsere Mängel aber auch verzeihen und uns von allen Schuldgefühlen befreien sollen.

Versöhnen hat also etwas mit Verdauen zu tun. Daß wir mit der Fähigkeit, Emotionen richtig zu verdauen, auch dem Verdauungsorgan Leber einen Dienst erweisen, liegt auf der Hand. Wie der Körper, so die Seele oder umgekehrt. Was innen ist, ist auch außen, was oben ist, ist auch unten. Oder was im Feinstofflichen ein Gesetz ist, ist auch im Grobstofflichen enthalten. Alle Frequenzen hängen aneinander und greifen ineinander und ermöglichen so das Gleichgewicht.

Aggressiv-emotionell geladene Menschen sind Choleriker, Depressive, Hysteriker, Schizoide, etc. Mischtypen davon sind wir alle! Beim kleinsten Leid, das uns zugefügt wird, bei der allerkleinsten scheinbaren Ungerechtigkeit rufen wir aus und prügeln und streiten uns oder greifen Unschuldige an. Wie wäre es, das Leid anzuerkennen und daraus einen Nutzen zu ziehen? Wenn wir zugefügtes Leid als Lernmöglichkeit, als Chance zur Erstarkung erkennen und uns verbieten, selbstmitleidig die Opferrolle zu spielen, dann haben wir uns selbst gegenüber einen Akt der Liebe vollbracht. Freiheit und Liebe sind aneinandergekoppelt. Allein das

Prinzip der Liebe macht uns stark und frei - so stark und frei, daß wir sogar fliegen könnten. Grenzen sind uns von der Schöpfung keine gesetzt. Allein wir Menschen in unserer Ängstlichkeit und Begrenztheit setzen uns mit unseren irdischen Maßstäben Grenzen. Also gilt es, unsere Begrenztheit zu überwinden. Verwandeln wir unsere Schwächen in Stärken, dann gelangen wir durchs Tor zum eigenen Glück.

Glücklichsein ist die positivste aller Emotionen. Wenn unsere Leber dies spürt, sprudelt sie vor Eifer und läßt uns bestimmt nicht im Stich. Die Liebe fördert alle Chakras, vor allem auch die des emotionellen Bereiches. Die Farbe Gelb ist das Symbol für freiwerdende Kräfte. Deshalb kann das gelbe Leberchakra - neben anderen - Kraft entfalten, wenn es einem Menschen zugehörig ist, der bereit ist zu erleben, zu sein, der bereit ist, mit schmerzhaften wie mit freudigen Emotionen richtig und weise umzugehen.

Das zweite, innere Chakra (Pendant des Leberchakras) entspricht dem Halschakra und hat die Farbe Hellblau. Es bringt alles zum Ausdruck, was sich „bewußt" und „erkannt" manifestiert. Das heißt, in einer hohen Schwingung gelebt, bringt dieses Chakra alles zum Erblühen, was wir in der Leber erarbeitet haben.

Chakra 4: Das Herzchakra

Dieses vierte Chakra ist mit dem Herzen verbunden, und es ist die leitende Impulskraft für die Tätigkeit des gesamten Herzmuskelmechanismus. Es gehört der Liebesschwingung Rosa, der Eigenschaft der Mutterkraft an. Alle anderen Farben ergänzen die Frequenz dieser Liebe. Macht der Mensch mit und öffnet sein Liebespotential, dann spürt er seine Mitte, denn sein Herzchakra liegt in der Mitte der sieben Hauptrotoren. Das Energiefeld in der Mitte macht uns bewußt, bewegt den Pegel des Öffnens nach unten sowie nach oben. „In der Mitte sein" heißt gottgewillt leben. Wer möchte nicht diese Fürsprache der Liebe lernen? Gefühle in der Herzgegend sind von Liebe getragen und werden durch die

Seele in Emotionen und Gefühlsäußerungen ausgedrückt. Wie eine Blüte blüht der Mensch, wenn er diese Liebe lebt. Das offene, blühende Herzchakra (Abb. 22, Farbt. VII) ist hier in einer Variante dargestellt, aus der ersichtlich ist, wie Farben sich manifestieren können. Also muß ein Herzchakra nicht immer rosa aussehen, auch nicht blau oder gelb. Es ist ein Spiegel der inneren Situation im Menschen. Das Herzchakra kann ebenso weiß erscheinen wie auch rot oder grün.

Die Grundeigenschaft oder der Grundcharakter dieses Chakras schwingt rosa, ist also manifestierte Energie, die sich in Rosatönen ausdrücken kann.

Heilung ist eine Folge der Liebe, die aus dem Herzen kommt. Der Mensch sammelt die Kraft der Liebe, um sie umzuwandeln in die Frequenzen der Heilung. Ohne die Liebe gelingt uns das Fest der Hochzeit, die Vereinigung von Selbst und Höherem Selbst nie. Ohne Liebe wird der Mensch diese nie versiegende Quelle nicht erschließen. Somit ist das Herz entwicklungsbedürftig. Und wer sich entwickelt, wird ewige Liebe, insbesondere aber Licht erkennen, und dadurch wird er „wissend".

Die Wissenschaft, wie sie heute gelehrt wird, ist stark vom Kopfdenken oder Stirnchakra geprägt. Das heißt, daß der Wissenschaftler Zusammenhänge sieht, diese aber vielfach nicht richtig anwendet oder gar falsch deutet. Wir können die Wissenschaft als Wissen schaffende Intelligenz ansehen, die, wenn gelebt, nur Liebe bedeutet. Also kommt das Wissen aus dem Herzen, und umgekehrt fließt jede Bewußtwerdung zum Herzen hin. Nehmen wir aber auf, was bewußt zum Herzen fließt? Oft schon haben wir einen Gedanken verworfen, der reif gewesen wäre und uns genützt hätte. Doch der Mensch neigt seltsamerweise dazu, diese guten Gedanken, Intuitionen gleich, abzutun oder gar zu zerhacken. Das bringt uns in Streß, weil lediglich ein Teil denkt und Gott nicht so gut lenkt. Damit will ich sagen: Solange wir uns unseres Gottseins nicht bewußt sind, nehmen wir unsere Gabe, uns selber zu lenken, nicht wahr oder bekämpfen sie sogar. Unzufriedenheit macht sich breit bis hin zur Depression.

Wer hat sich nicht schon dabei ertappt, wie er die kurzen klaren Anweisungen des Herzens übergeht? Das heißt, wer kennt das nicht, daß er im Herzen ein klares „Ja" oder „Nein" spürt, und trotzdem die andere Richtung einschlägt? Dummerweise meinen wir, den Mitmenschen zuliebe entgegen unseren innersten Empfindungen reagieren zu müssen! Lernen wir also, unserem Innersten und nicht unseren Mitmenschen gefallen zu wollen.

Das Herz schlägt den Takt. Ein aufgeregtes, gestreßtes Herz schlägt höher, oder es fällt sogar aus dem Rhythmus. Schwerwiegende Dinge des Herzens sind oft mit dem Herzen „auszubaden". Das frustrierte Herz greift dann zu Kreislaufstörungen, Ohnmachtsanfällen usw. Manchmal wird Lebenswichtiges so verdrängt, daß das Herz einen Klappenfehler oder Leerläufe im Pumpwerk produziert. Das alles hat mit unserer mangelnden Liebesfähigkeit zu tun.

Manchmal leidet das Herz so stark unter dem Druck eines Mitmenschen, daß es uns den Atem verschlägt und wir Herzkrämpfe bekommen. Herznot ist eigentlich Atemnot. Können wir geistig frei sein, wenn wir keine Zeit zum Atmen haben, herumhetzen oder uns selbst so besetzt halten, daß wir aus den eigenen Mißtönen nicht mehr herausfinden? Herzinfarkte entspringen immer einer Hetze, die der Mensch selber fabriziert! Oft ist er unbewußt daran beteiligt, und erst die Krankheit des Herzens läßt ihn bewußt werden, wie er mit sich umspringt. Dann kann er Einkehr halten und sein Leben ändern lernen. Hetzerei und Herzjagen haben etwas gemeinsam: beides ist Streß.

Auch das Jagen nach Gütern läßt sich mit dem Herzjagen vergleichen. Manager sind oft so krank, weil sie nur nach Materiellem streben. Sie werden fast verrückt, wenn etwas nicht klappt, und spinnen Pläne, wie etwas doch noch gelingen könnte. Aber die Möglichkeit, daß dieses nach menschlichem Ermessen tadellos ausgedachte Konzept scheitern kann, sitzt ihnen im Nacken. Güter, Gewinn und Erfolg zu erwerben, ist an sich kein Übel, sich dabei zu Tode zu ruinieren schon. Denn der hektische Managertyp läßt sich keine Ruhe, um einmal in Muße seine eigenen, wirklichen Bedürfnisse zu klären und nach und nach zu befriedigen. Er ist so einseitig nach außen orientiert, daß ihm die Einsicht ins eigene Innere fehlt.

Herzeleid, wie es so schön heißt, ist eine Sache der Seele. Wir können uns damit hundert Negativitäten aufladen. Nun, verzeihen wir uns Egoismus und egozentrisches Tun! Das ist der allererste Schritt. Dieses Versöhnen mit uns selbst bringt unser Herzchakra zum Blühen. Das ganze Buch ist diesem Herzchakra gewidmet, weil es das Ja zum Leben bedeutet und unsere Erlösung sein kann. Christusbewußtsein ist Herzensliebe, alles Wissen fließt durch diese Bewußtwerdung.

Alle, die Christus verehren, wissen, daß er uns die Liebe gepredigt und vorgelebt hat. Aber das Christentum hat nicht die Ordnung geschaffen, die sie hätte errichten sollen. Die christliche Religion ist eine Glaubenslehre, die in ihren ursprünglichen ethischen Prinzipien die Vollkommenheit des Menschen anstrebt. Nur wurde diese Lehre anders ausgelegt, anders gepredigt und anders gelebt. Alle anderen großen Religionen gründen auf derselben Kraft. Das Christentum nennt sie Christuskraft. Wir können auch Gotteskraft sagen, denn Christus ist wahrhaftig nicht der einzige Mensch oder Engel, der diese Kraft verkörpert. Er ist einer von vielen, die dazu beitragen, der Menschheit zu helfen. Es ist verwerflich zu behaupten, daß Andersgläubige diese Kraft des Herzens nicht entwickeln können. Östliche Religionen zum Beispiel, mit dem Wissen um die Chakras, leben ebenfalls in der Gewißheit, daß das Herzchakra voller Weisheit und Liebe ist. Es ist deshalb nicht von Bedeutung, welcher Religion jemand angehört. Wichtig ist, daß er einen Glauben in die Kraft der Liebe hat. Ob Christentum, Islam, Buddhismus, Taoismus usw., alle Religionen haben nur den einen Zweck: die hohe Geistigkeit zu vermitteln, und das ist Liebe. Das A und O ist im Herzen angesiedelt.

Die zweite Chakrastruktur in der Chakrakugel ist ebenfalls eine Frequenz von Rosa und schwingungsgleich. So einheitlich ist dieses Chakra! Bei entwickelten Persönlichkeiten, die die Herzensliebe leben, werden die Herzchakrastrukturen immer feiner, so daß die Frequenzen seidig weich zu fühlen sind. So etwas Zartes, Blühendes gibt es beim Durchschnittsmenschen, der sich irgendwie durchs Leben wurstelt, nicht. Es ist wie bei den Pflanzen. Wer die Herzpflanze nicht pflegt, bringt sie auch nicht zum Blühen.

In jeder künstlerisch-schöpferischen Arbeit drückt sich auch die Frequenz des Künstlers aus. Nehmen wir das Beispiel Malerei: Ein Wirrwarr und Durcheinander sind Teil eines malenden Menschen, und es ist verständlich, daß das, was heute als moderne Kunst angepriesen wird, oft so destruktiv ist, daß wir es nicht ertragen. Dieses Chaotische kann zum Beispiel von einer unverarbeiteten Vergangenheit des Malers herrühren. Mit seiner Kunst versucht er, die innere Unordnung zu bewältigen. Das ist problematisch. Denn ein wahrer Künstler vermag nur Liebe zu spüren und möchte diese auch in seinen Bildern ausdrücken. Jeder schöpferisch arbeitende Mensch arbeitet nach den gleichen Prinzipien. Wenn der Komponist die Weisheit ergründet, werden seine Tonbilder zur hohen Kunst. So erreicht er die Menschen.

Chakra 5: Das Halschakra

Das Halschakra ist ein Abbild des dritten Chakras und trägt die Grundschwingung von Hellblau. Das fünfte Chakra gehört zu den Sprechorganen und macht bewußt, was unbewußt vorhanden ist. Durch das Herz gedeiht die Möglichkeit, frei zu erkennen und dies durch den Mund kundzutun. Der Mund ist stark mit dem Denkapparat verbunden, also mit dem nächsthöheren Rotor, dem Stirnchakra. Das Organ, das zum fünften Chakra gehört, ist die Schilddrüse. Dieses Chakra ist Regulator für die Produktion von Schilddrüsenhormonen und deren Zusammensetzung. Die Schilddrüse übernimmt den Stoffwechsel. Der Stoffwechsel hat mit dem Grundumsatz zu tun. Dieses Organ befördert die Energie, die gebraucht wird, um die Nerven zu beruhigen oder anzuheizen. Wie die Leber hat sie mit der Verbrennung zu tun. Ist ein Mensch nervös, hat dies mit der gleichen Streßsituation zu tun, die wir schon verschiedene Male beschrieben haben. Aber diesmal kann der Mensch vor lauter Streß nicht mehr stoppen. Die Schutzschicht der Chakras wird zum Panzer, zum „Schild", sofern der Mensch in diesem Bereich nicht versucht, sich selbst zu leben. Angst wiederum lähmt und bedeutet „nicht gelebtes Wissen". Die Tatkraft wirkt auf dieses Chakra. Es gilt tätig zu sein, um sich zu verwirklichen! Deshalb ist es eine Gabe der Weisheit, etwas zu tun. Zum Beispiel das Herz entleeren und sprechen. Das ist schon eine kreative Handlung, die uns viel Freude bereitet. In der Kunst und überall wird der Akt der Kommunikation zur Freude, wenn sie richtig gelebt wird und durch die Liebe getragen und geprägt ist.

Mit unserem Sprechorgan, unseren Stimmbändern, können wir aber auch anderes als Freude ausdrücken. Wir können damit zum Beispiel Schreikrämpfe produzieren. Diese negativ gelebte Form von Kreativität bewirkt einen inneren Zusammenbruch, und die Schilddrüse wird wütend. Sie verklebt sich oder wird nervös. Je nachdem stellt sich eine Über- oder Unterfunktion ein. Was die Schilddrüse in ihrer Unterfunktion hervorruft, ist ein schwammiges Gewebe. Wie finden wir wieder die Mitte? Natürlich durch das Herz und unsere Liebe. Seien wir also mit unserem Körper nicht zu hart, er ist nicht schuld an unserem Wüten!

Das Einpendeln, wenn wir aus der positiven Haltung aussteigen und uns bemühen, wieder in diese zurückzukehren, braucht Seelenschulung. Seelisch positives Annehmen läßt sich vergleichen mit „gute Nahrung schlucken". So lassen wir dann die Liebe durch Magen und Verdauungsorgane wandern. Milz und Leber wissen es zu danken. Auch die Vitalkräfte kehren wieder zurück, wenn wir „oben" die richtigen Dinge tun. Nicht immer muß der Vorgang der Bewußtwerdung von unten nach oben verlaufen. Umgekehrt geht es auch. Wichtig ist, daß etwas in Bewegung gebracht wird durch Bewußtwerdung. Oft haben wir zum Beispiel eine Einengung im Halsbereich. Wir schnüren uns selbst zu, gerade dort, wo es leicht hinunterrutschen sollte. Eine Erkenntnis gewinnen, öffnet den Hals. Freisein heißt deshalb auch, durch die Herzfrequenz den Hals öffnen, um Dinge von der Leber weg oder aus dem Herzen zu reden.

Die innere Chakrakugel des Halschakras ist schwingungsgleich mit dem äußeren Leberchakra.

Chakra 6: Das Stirnchakra

Dies ist das Chakra, mit dem wir sehen können. Es ist an unsere Augen gebunden und wirkt als Regulator der gesamten Augenfunktion. Seine Grundschwingung ist indigoblau. Es gleicht einem Zauber, wenn wir uns mit diesem System identifizieren. Mit Hilfe von Bildmeditationen vermögen wir in die Astralwelt, also die erste feinstoffliche Schicht, die um die Erde kreist, Einblick zu erhalten. Wir sehen dort unsere Mängel oder unsere Schönheit. Die nächtlichen Träume werden in dieser Welt geformt, wir können aber auch ganz bewußt die Vorstellungskraft lenken. Wenn wir die Bilder zusammentragen, ergibt sich ein Puzzle, das schöner nicht sein könnte, spiegelt es doch unsere ganze Seelentätigkeit und unser Selbst wieder. Die Außenwelt und unsere Innenwelt stimmen überein.

Die Gabe des Sehenden spielt sich hier ab. Der medial begabte Mensch vermag diese Bilder sogar zu deuten, so wie wir Träume deuten können. Der Spiegel des Seelenlebens ist notwendig, denn er läßt uns nie Angeschautes bewußt werden. Diese Art der Sicht macht uns freudig, da wir auf unserem Weg die Ideale erkennen, die wir anstreben, oder zumindest erkennen wir das, was wir sind. Es ist alles da. Wir können uns nur darauf konzentrieren und uns selbst Güte entgegenbringen. Es ist Weisheit, die wir erblicken.

Es kommt aber auch vor, daß wir bei dem Versuch, diese Bildwelt richtig zu deuten, Fehler machen. Denn wir sind immer auch von unseren Untugenden besetzt. Oder sehen wir unsere Schwächen zum ersten Mal? Vielleicht müssen wir erst trübe Gedanken vertreiben, bis sich die Schatten in Licht auflösen. Unsere Schönheit betrachten tut wohl und stärkt unser Vertrauen in unser Tun. So lernen wir Kontrolle zu halten über unser Sein. Wir sind verpflichtet, uns aufmerksam anzunehmen und dabei zu sehen, wie wir sind und was wir sind. Die Sehenden sehen die Wahrheit.

Je mehr Tugenden zum Tragen kommen, desto mehr Einsicht erhält der Mensch in jene Dinge, die er noch nicht weiß. Beim inneren Sehen, das nicht mit dem irdisch-realen Sehen zu verwechseln ist, ist aber immer der Intellekt mitbeteiligt, denn wir müssen diese „inneren Bilder" auch weise und richtig entziffern können. Das braucht Übung. Die Sicht, die wir von uns haben, ist oft verzerrt, weil wir uns so sehen wollen.

Die Pharaonen im alten Ägypten wurden geschult oder beraten, damit sie ihr Leben besser sehen und hören und mit Weisheit zu durchschreiten lernten. Und mancher Pharao ließ sich dazu überreden, selbst ein Medium der Priesterschaft zu werden. Priester waren ja immer Initiierte (Eingeweihte). Das heißt, daß sie ihren individuell eigenen Weg bearbeiten mußten, um diese hohe Anerkennung zu verdienen. Die rechte Entwicklung ergibt sich nur durch die Liebe, und so war die Hohepriesterschaft eine Art Verdienstorden für „Einsicht in sich selbst". Priester oder Hohepriester zu werden bedeutet, die erworbene Einsicht auch zu leben. Die Lehre allein hilft uns nicht weiter, sondern nur ihre Anwendung!

Unsere inneren Bilder spiegeln nicht nur unsere Seele, sondern sie enthalten auch viel Wissenswertes, das der Welt zugute kommen kann. Vorstellungsbilder, kreative Gedanken, verbunden mit Liebe des Herzens, sind die Krönung alles Guten. Vorstellung hat viel mit der Gedankenwelt zu tun. Wenn wir etwas Neues angehen, müssen wir die Vorstellungsbilder gedanklich festhalten. Zusammen mit der Sprache ergibt sich eine wunderbare Kombination, Bewußtwerdung zu gestalten. Das alles befähigt uns, die Dinge zu sehen, wie sie sind, und es befähigt uns, kreative Neugestaltung aufzubauen.

In der Welt der Psyche sollte aber dennoch der klare und gesunde Menschenverstand die Kontrolle behalten. Denn wir müssen die Gedankenwelt in Ordnung halten! Ordnung in der Gedankenwelt bedeutet Weisheit. Um diese zu erlangen, bedarf es immer wieder der Ruhe, des Innehaltens und der Kontemplation. Ein Durcheinanderlaufen der Gedankengänge, ein Auftürmen von wirren Gedankengebäuden, verhindert die Bewußtwerdung der reinen Wahrheit. Klären ist überall und immer die Devise. Klarheit schaffen heißt nichts anderes, als Reinheit an den Tag bringen und Reinheit leben. Damit ist natürlich nicht die Hirnwäsche gemeint!

Reinheit erlangen ist ein innerer Vorgang; er befreit endlich unser inneres Sehen, befreit Gedanken und Gefühle. Wer sich verfeinert, wird sich besser in seinem Inneren zurechtfinden und jenes Geschöpf werden, das er im Ursprung ist.

Die Annäherung an unseren Ursprung finden wir, indem wir vermehrt in Dialog mit unserem Höheren Selbst treten. Mehr noch sollten wir ständig- sei es Tag oder Nacht, seien wir allein oder in Gesellschaft- in Verbindung mit unserem inneren Partner, unserem göttlichen Teil sein. Diese Kommunikation, dieses Dialogisieren, erkennen wir in Bild, Wort, Tat und Gefühl. Das Hellfühlen ist ebenfalls ein Teil von uns, der genutzt werden kann, und zwar mit Hilfe unseres Höheren Selbst. Unser Tun wird durch unsere Zusammenarbeit mit unserem Höheren Selbst bestimmt. Also sollten wir stets unsere Gefühle realisieren und bewußt mit ihnen umgehen.

Die innere Chakrakugel des Stirnchakras ist schwingungsgleich mit dem äußeren Milzchakra.

Chakra 7: Das Scheitelchakra

Dieses Chakra trägt die Farbe der Grundschwingung Violett. Es ist mit der Hypophyse verbunden und wirkt als Regulator für deren Tätigkeit. Es ist mitverantwortlich für den Gesamtstoffwechsel der anderen Drüsensysteme. Dieses Chakra ist dem Geist zugeordnet. Geist, Körper und Seele haben eine gemeinsame Schwingung, die Liebe. So wie das Rot hier das Pendant von Violett darstellt, sind auch ihre Eigenschaften zugleich verschieden und ergänzend. Ergänzend insofern, als die Vitalität des Rot im Körper viel physische Kraft bedeutet. Violett als Gegenpol hingegen verkörpert die geistige Kraft. Geist und Liebe bedeuten, daß wir uns geistig betätigen und dem höheren Prinzip (Höheren Selbst) zuwenden. Mit diesem zu arbeiten und sich führen zu lassen, mit ihm eins zu sein, ist eine hohe Kunst.

Die Wechselbeziehung zwischen dem Hirn und der dazugehörenden Drüse ist vergleichbar mit der zwischen dem Selbst und dem

Höheren Selbst. Denn die Drüse im Hirn sprüht Leben aus, um im Körper alle Vorgänge zu lenken. Dasselbe gilt für das Höhere Selbst, denn es steuert unsere Aktivitäten oder läßt uns ausruhen. Das Prinzip ist einfach. Das oberste Chakra verbrüdert uns über das Chakraband mit unserem Höheren Selbst. Auch über die geistige Auraschicht ist die Verbindung zum Höheren Selbst gewährleistet. Diese Auraschicht hat ebenfalls die Grundschwingung Violett und hilft uns, in unserer Aktivität die Geistigkeit zu entwickeln. Anders ausgedrückt: diese Auraschicht unterstützt uns in dem Streben, unser irdisches Tun vom Geist lenken zu lassen.

Das Höhere Selbst allerdings steht über der geistigen Aura, denn es ist von einer Substanz, die nicht aufgelöst werden kann. Beim körperlichen Tod lösen sich alle Auras auf oder fallen auseinander. Aber die Kausalaura des Höheren Selbst bleibt völlig intakt. Sie verschmilzt wieder mit dem Höheren Selbst, also jenem Teil, der nicht inkarniert war.

Je mehr das oberste Chakra entwickelt wird, desto besser ist die Verbindung zum höheren Wissen. Letzteres hat von oben her eine direkte Verbindung zu uns, wird durch Kanäle in unser System der Bewußtwerdung geleitet und gleitet an unserer Mittelachse entlang nach unten, macht einen Bogen um die unteren Chakras im Beckenbereich und fließt direkt wieder nach oben in unser oberstes Zentrum, das Kopfchakra. Das siebente Chakra ist also eine Empfangsstation für Informationen. Gleichzeitig funktioniert es als Verteilerstation, die diese Informationen an unseren Apparat der Bewußtwerdung weiterverteilt. Es stellt die Verbindung zwischen Himmel und Erde her. Diese Verbindung kann ausgedehnt werden, bis eine Leiter entsteht, welche kein Ende hat. Damit sind Leitfäden gemeint, die sich ausdehnen und Stufe um Stufe die Bewußtwerdung ermöglichen. Das ist ein Weg zur Weisheit.

Diese Ausdehnung der Leitfäden hat etwas mit Einweihung zu tun. Sie befähigt uns, die Ebene zu erreichen, in die wir gehören. Also müssen wir das Potential erschließen helfen, die angebotene Nahrung annehmen und verwerten. Die Frequenzen, die wir erlangen können, sind unser innerstes Gut. Sie gehören uns, und wir können sie nicht mehr verlieren! In unserem irdischen Leben haben wir aber Mühe, uns daran zu erinnern, und so müssen wir sie bei jedem Besuch auf Erden wieder neu öffnen. Die Hilfe, die von oben kommt, ist genau, was wir brauchen, wenn wir nur daran glauben. Dieser Glaube macht uns frei. Die Freiheit ist unser Geist. Und die Geistigkeit ist unsere Freiheit.

Transzendenz (1) heißt ein gebräuchliches Modewort, wenn von Geistigem gesprochen wird. Transzendenz hat mit allen Eigenschaften zu tun, die göttlich sind und unser Eigentum darstellen. Jede Form von Verbindung mit sich selbst, also jede Form von Meditation, Gebet, innerem Dialog und Innenschau ist transzendent. Auch unser höchstes Gut, die Liebe, ist transzendent. Wenn unser Ich transzendent wird und eine Wandlung durchgemacht hat, gelangen wir in einen noch höheren transzendenten Zustand. Die Energie läuft durch die Chakras und belebt diese. Die Fähigkeiten, Humor zu haben und Freude und Lust zu empfinden sind ebenfalls eine Art von Transzendenz. Ohne sie machen wir nie bewußtseinserweiternde Erfahrungen!

Im violetten Chakra befindet sich ein kleineres rotes Chakra, das der äußeren Sexualchakrakugel entspricht. Die geistige Energie zusammen mit der Vitalkraft ergibt ein Lebenselixier, das unsere Erde befruchtet und uns die Kraft des Himmels auf Erden erleben läßt. Auf diese Weise durchflutet der Geist die irdische Materie, und umgekehrt durchflutet der irdische Geist auch die oberen Chakras. Gelebte Liebe führt daher immer zu gerechtem Ausgleich. Die Gerechtigkeit der Liebe manifestiert sich sogar in der Materie. Wir können, wenn wir die Frequenz der Liebe veredeln, Materie auflösen und dadurch beseelen. Füllen wir uns mit der irdischen Vitalkraft auf, werden die Frequenzen erhöht, so daß es ein überfließendes Strömen von Energien gibt, die sich mit dem Himmel verbinden. So drückt die Sexualkraft freiwerdende Energie aus, um sie an Ort und Stelle zum schöpferischen Akt werden zu lassen. Die richtig gelebte Sexualität ist vollendeter Umgang mit der göttlichen Liebe. Sie wirkt auf den Menschen nicht nur heilend, sondern verhindert sogar Krankheiten. Das Liebespaar verbindet Geisteskraft mit materieller Kraft und feiert das schöne Liebesfest der Hoch-Zeit. Mann und Frau sind sich dieser göttlichen Situation nicht immer bewußt. Schade, denn Zartheit in Gedanken, Bildern, Formen, Farben und gesprochenen Worten und die überquellende Liebe und Hingabe im Herzen lassen Liebende den Himmel erfahren.

Diese Energien haben körperheilende Wirkungen. Und es sind dieselben Energien, ohne sexuelle Vereinigung gelebt, die notwendig sind, um die Materie aufzulösen. Allerdings würde es zu weit führen, in diesem Buch näher auf das Phänomen von Materialisation und Dematerialisation einzugehen. Gehen wir nochmals zurück zur körperlichen Liebe. Bloßer Sex oder jede Variante von sexueller Abart haben nicht viel mit den göttlichen Hochzeiten zu tun. Denn wenn Sexualität ohne die Liebe ausgelebt wird, kann die höher gelebte Sexualkraft nicht austreten und demnach nicht frei werden. Sexualprobleme ebenso wie Herzprobleme sind das Ergebnis falsch gelebter Energien auf Erden. Heute und jetzt sollen wir aber „uns leben" lernen und aufhören, mit falsch gelebter Sexualkraft unser Selbst zu ruinieren. Begeben wir uns doch zum Freudenfest im neuen Haus. Das Haus (unser Körper) ist nämlich unser Tempel. In einem Tempel herrscht harmonische Ordnung - eine Ästhetik, die keinen Gegenstand zuläßt, der nicht hineinpaßt. Wecken wir also unsere geistige Haltung und senden wir die geistige Liebe in unseren Körper, in unser Haus. Und erneuern wir dieses Haus zu einem schönen Tempel. Dies bedeutet einen neuen Anfang für uns und vielleicht werden wir dadurch zu einem Vorbild für die Welt.

Wer sich diese innere Ordnung erarbeitet, strahlt aus, was in ihm ist, und er steckt die anderen Menschen an. Der gottgewollte Teil von uns ist immer das, was positiv glänzt. Menschen mit diesem Glanz im Gesicht strahlen gute Energien aus und veredeln die irdische Sphäre. Denn das Erdendasein sollte schließlich so gut gelebt werden, daß wir schon zu Lebzeiten den Körper so umwandeln, daß wir ewig jung bleiben und den Tod damit überwinden.

(1) transzendent = übersinnlich

Die Zwölfer-Reihe
(Reihe b in Abb.2, Farbt. II)

Chakra 1: Das Steißbeinchakra

Das Steißbeinchakra liegt oberhalb des Perineums und ist mit den beiden unteren Steißbeinknöchelchen verbunden. Es leitet die Funktionen in deren Knochengewebe und ist auch verantwortlich für den Austausch (Abbau und Aufbau) der Mineralien und Spurenelemente dieser Knöchelchen. Dieses Chakra hat die Grundschwingung von Dunkelgelb, das heißt, daß diese Eigenschaft mit dem Ordnen zu tun hat oder unbewußt mit den Denkgewohnheiten verbunden ist. Auch bei diesem Chakra finden wir in der Kugel noch eine zweite Kugel, die hier dem zwölften Chakra entspricht. Der gleiche Rhythmus wiederholt sich wie beim Siebener- Zyklus (Abb. 1 und Abb. 2a, Farbt. I u. II).

Chakra 2: Das Kreuzbeinchakra

Das Kreuzbeinchakra hat die Grundschwingung Rot, befindet sich im Lendenbereich und ist mit dem unteren Drittel des Kreuzbeins direkt verbunden. Es zeichnet verantwortlich für dessen gesamte Funktion der biologischen Vorgänge (wie Einlagerung von Mineralien / Spurenelemente) und anderen Knochenfunktionen. Besonders die Vitalkräfte weiß dieses Chakra zu aktivieren. Die zweite oder innere Chakrakugel hat die Merkmale des elften Chakras, das hellblau schwingt. Es verkörpert ein Yin/Yang-Prinzip besonderer Art. Je nach der Tönung von Rot und Blau bedeutet der Yin/Yang-Code etwas anderes. Jede Vielfalt ist im Körper vertreten und rundet das Bild ab, das wir darstellen.

Chakra 3: Das Solarplexuschakra

Die Grundschwingung ist violett. Dieses Chakra ist mit dem Sonnengeflecht (Solarplexus) verbunden und verantwortlich für dessen Stoffwechsel. Es wird durch die feine Schwingung des Geistes gespeist und verbindet sich mit dem zehnten Chakra oder der inneren Kugel, die dementsprechend auch violett ist. Beide Chakrakugeln sind stark durch das Gefühl und dessen Intuition geprägt. Sie können emotionelle Störungen in eine feinere Schwingung verwandeln helfen und lösen, was vorher verknotet war. Die feinen Gefühlsschwingungen werden hier unbewußt getestet und in Sehen umgewandelt, das heißt, daß auch dieses Sehgefühl mit den unbewußten Sphären in Verbindung steht und das Höhere Selbst seine Intuition gerade an diesem Punkt speziell eingeben kann. Wir empfangen von hier unsere innere Stimme oder unser inneres Gefühl, das wundersam wirkt, wenn wir es rein empfangen können. Es hilft uns, Signale und Zeichen wahrzunehmen, die zusammen mit dem zehnten Chakra bewußt werden. Je höher entwickelt die Seele ist, desto spürbarer wird das Gefühl im Bauchraum. Das Gefühl des dritten Chakras berührt, auf Energiebahnen geleitet, andere gleichschwingende Chakras, durch die wir schließlich den ganzen Körper mit Gefühlen besetzen. Die Gefühle sind mit Lichtgeschwindigkeit zu spüren. Füllen wir unsere Gefühlschakras mit Licht, können wir sie erweitern oder genesen lassen. Gefühlsstarke Menschen sind an diesem Punkt besonders kräftig entwickelt. Gefühlskranke Menschen haben hier etwas zu bereinigen. Denn Gefühle können auch krank machen. Besonders dann, wenn wir ohne Halt „in unseren Gefühlen baden" gehen!

Wenn wir uns verlieren oder uns in etwas hineinsteigern, wird dies vom Solarplexus direkt aufgefangen. An dieser Stelle macht sich dann auch meist der Krampf, der Kampf oder die Unruhe bemerkbar. Der Solarplexus ist ein Organ von vielen Nerven und spielt immer dann verrückt, wenn wir dem Gefühl den Kampf angesagt haben. Diese Solarplexuschakras, auch das zweite, das in der vorderen „Reihe der 22d" angebracht ist, ergänzen sich in Geist und Liebe. Das geistige Violett unterstützt die Liebesfrequenz Rosa im vorderen Teil. Diese Kombination macht bewußt; somit ist der Solarplexus für uns ein Bewußtwerdungs-Punkt sondergleichen. Wir sollten den Mut haben, auf das zu achten, was unsere Gefühle und auch unser Körper sagen wollen! So gibt uns zum Beispiel Bauchweh eine ganz bestimmte Information über unseren seelischen Zustand. Das alles hat zu tun mit unserem Nervensystem, mit dem wir falsch oder richtig umgehen. Gerade die Chakras des Solarplexus helfen uns verdauen und die Gedärme reinhalten. Die Reinigung erfolgt geistig! Deshalb ist so viel Violett notwendig; dies wirkt reinigend auf den Darm. Geraten unsere geistigen Motive durcheinander, wird der Solarplexus nicht mehr funktionieren, und die ganze Magen-Darm-Maschine ist blockiert, ausgeschaltet, was sich in Durchfall oder Verstopfung äußert. Die Herzensliebe hilft auch hier, Chaotisches wieder gutzumachen, denn sie hilft, Milde walten zu lassen, damit der Geist sich regeneriert. Alle Energie muß im Fluß bleiben, damit wir schöpfen und verteilen können.

Chakra 4: Das Nebennierenchakra

Dieses Chakra ist direkt mit der linken Nebenniere verbunden und steuert deren Hormonproduktion. Es ist Regulator des Hormonhaushaltes beider Nebennieren. Die Grundschwingung ist Gelb, ein helleres Gelb als das des Steißbeinchakras. Das Nebennierenchakra hat die Rolle des Arztes oder Helfers für unser Gemüt. Die Ordnung wird durch das Gelb herbeigeführt, um später mit der bewußten Sphäre zusammenzufließen. Niere, Galle, Leber etc. sind Organe, die durch die Nebennieren beeinflußt werden und Unordnung wieder in Ordnung verwandeln helfen. Staus in diesen Organen berühren uns in unserem Tun, bewirken ein Registrieren des Notstandes und müssen aufgelöst werden. Gerade durch die Nebennieren geschieht die reflexartige Entstauung, welche Erleichterung schafft. Die Sammelbehälter oder Chakras dieser Nebennieren sammeln ungeordnete Gedanken und

Gefühle ein und leiten alles geordnet wieder an jene Stellen zurück, wo die Staus ausgelöst wurden. Loslassen heißt die Devise. Ohne seelischen Prozeß hilft ein Organ beim Heilen nicht mit! Diese seelischen Energien werden vom Planeten Saturn regiert. Saturn bewahrt, was bewahrt werden muß, läßt jedoch die Kräfte zur richtigen Zeit fließen und dirigiert so die Reinigung. Chakras sind übrigens immer von verschiedenen Planetenenergien besetzt. Darauf näher einzugehen, würde aber nochmals ein Buch füllen.

Die zweite Chakrakugel im vierten Chakra hat die Grundschwingung Türkis und entspricht dem neunten Chakra. Diese Eigenschaft unterstützt und festigt die Bewußtwerdung.

Chakra 5: Das Leberchakra

Dieses Chakra ist mit dem Organ Leber verbunden und ist verantwortlich für die Auswahl und Zusammensetzung der Fermente, sowie für die Bindung der Fermente an die Flüssigkeit, die aus den Zellen ausgeschüttet wird und der Verdauung der Nahrung dient. Seine Grundschwingung ist helles Grün. Dieses spezielle Grün ist Heilfarbe. Gefühle, welche durch die Leber geleitet werden, können gereinigt oder geheilt von unserem Bewußtsein aufgenommen werden. Wir begreifen gereifter, was wir bewältigen oder erfahren müssen, um damit voranzukommen in unserer Entwicklung. Durch stetes geistiges Üben im „Ordnungmachen" beschleunigen wir diesen Heilprozeß.

Die zweite Chakrakugel in der grünen Kugel trägt die Grundschwingung Dunkelrosa des achten Chakras. Mit dieser Frequenz wird die Bewußtwerdung im Herzen vorbereitet, denn es ist dem nächsten Chakra zugewandt und hilft die Liebe fördern. Die Frequenz, die sich aus diesem Chakra ergießt, ist fruchtbare Aktivität der Liebe.

Chakra 6: Das Herzchakra

Das Herzchakra ist mit dem Organ Herz verbunden, wirkt regulierend und ist verantwortlich für den Rhythmus und die Pumpstärke der Herzaktivität. Seine Grundschwingung ist dunkles Tannengrün. Diese Frequenz hilft uns, den Boden zu finden und Wohlsein in unserem Körper herzustellen. Die Umwandlung im Herzen geschieht mittels der Heilfrequenz des Herzens selbst. Die zweite Chakrakugel hat die Grundschwingung Blau, welches dem siebten Chakra, dem Kehlkopf, entspricht. Bewußte Heilung wird durch uns auch verbal ausgesprochen, um dadurch besser verstehen zu können. Um die Herzheilung zu vollziehen, brauchen wir Ruhe und Zeit, damit wir im gesammelten Sein unser Licht anzünden können.

Chakra 7: Das Halschakra

Dieses Chakra ist der Funktion der Schilddrüse zugeordnet und ist verantwortlich dafür, daß die Hormone in jeder Situation beliebig oft und in entsprechend richtiger Menge und Konzentration in die Blutbahn gebracht werden. Seine Grundschwingung ist blau. Das hilft, die Liebe zu entdecken.
Reden ist wichtig, um die liebenden Worte zu formulieren. Dieses Chakra funktioniert in umgekehrter Reihenfolge wie das sechste Chakra. Hier herrscht das Blau vor und in zweiter Linie das Grün. Wenn wir wahr sprechen, wird unser Selbst in Liebesgrün schwingen. Sprechen wir unwahr, wird uns unser Grün verlassen und dieses Chakra hungert und dürstet nach Wahrheit.
Wenn die Sprache falsches Zeugnis ablegt, verschließt sich das Herz. So eingeschlossen hält es sich nicht gut. Also haben wir uns dem Grün zuzuwenden, das uns hilft, dieses Dilemma zu lösen. Versuchen wir zu lieben! Auch körperlich empfundene Liebe ergibt rückwirkend auf die Seele eine wunderbare Situation, die jede Entwicklung einleitet, mit der wir Neubeginne wagen können.

Chakra 8: Das Nackenchakra

Dieses Chakra ist mit vielen Nackenmuskeln verbunden. Das heißt, es ist zuständig für die Motorik dieser Muskulatur. Seine Schwingung ist dunkelrosa. Es hilft, den Kopf aufrecht zu tragen. Gefühle der Liebe wirken lindernd auf das steife Genick, denn der Kopf ist sehr anfällig, so daß er, einer geknickten Blume gleich, herabsinken kann. Die Verbindung von Kopf und Herz hat mit dieser Blume zu tun; wir stellen sie selbst dar. Wenn wir den Kopf hängen lassen, gelingt es mit der Herzmassage, den Kopf wieder gerade zu tragen. Sein Gewicht ist wesentlich geringer, wenn das Herz spricht. Mit aufrecht getragenem Kopf wird die Wirbelsäule richtig belastet, der Mensch ruht in und auf sich selbst, der Kopf hat Halt gefunden. Wenn wir uns selbst belügen oder unsere Liebe zu uns selbst nicht zum Blühen bringen, kann gerade das Genickchakra überbeansprucht werden und Staus verursachen. Dieses Energiefeld bildet den zentralen Punkt zwischen Kopf und Herz. Es ist mit dem Leberchakra verbunden, das die hellgrüne Farbe trägt. Heilung hilft mit, daß der Kopf wieder funktionstüchtig wird und die Verteilung der Energie durch den Flaschenhals oder den Nacken gewährleistet wird.

Der Hals ist der Staubereich par excellence. Oft steigt die Angst bis zum Halszäpfchen! Wir blockieren im Nackenchakra und stauen alles Gute. Das kann zu Ohrensausen oder Krankheiten wie Schnupfen, Drüsenfieber, Halsweh etc. führen. Bettruhe hilft uns in dieser Situation, unseren Kropf zu leeren oder der Angst Herr zu werden. In der Stille ergibt sich oft ein Lernprozeß, der schließlich die Aggressionen abflauen oder in etwas Positiv-Schöpferisches umpolen läßt.

Chakra 9: Adamsapfelchakra

Dieses Chakra ist mit dem Adamsapfel und dessen Funktion gekoppelt. Seine Grundschwingung ist türkis. Es hat mit dem Schluckreflex zu tun und ist der Gegenpol des Überfließens.

Vielerlei wird hier bewerkstelligt: An diesem Punkt kann hinein-gesogen werden, was gut ist! Und es kann heruntergewürgt wer-den, was negativ ist.

Wenn wir denken, spüren, leben, muß das Erfahrene durch gei-stiges Schlucken reflexartig vollzogen werden. Das Fließen der Nebennierenenergie (Chakra 4) löst ein komplexes Geschehen aus. Nebennierenreflexe, beziehungsweise Schluckinstinkt, verursachen nicht selten Kopfschmerzen, denn was wir von außen oder innen zugeführt bekommen, soll nicht immer geschluckt werden! Im Kopfbereich sind sehr viele Zentren, die mithelfen, bewußt zu wer-den. Alles, was gesprochen, gehört und gesehen wird, geschieht vom Hals an aufwärts und kann nur durch die Sinnesorgane des Kopfes bewußt erfaßt werden.

Chakra 10: Das Stirnchakra

Dieses Chakra ist verbunden mit dem Augenhintergrund. Es hat die Aufgabe, das Reflexspiel auf dem Augenhintergrund weiter-zuleiten und via Hirntätigkeit mit dem Verstand zu koordinieren, damit ein Bild bewußt gemacht und verstanden wird. Die Grundschwingung ist lila. Dieses Chakra birgt in sich eine zweite innere Kugel mit der Farbe des dunklen Violett. Diese Grund-schwingung hilft und ermöglicht, mit Ruhe und Muße eine geisti-ge Schau „zu veranstalten"; wir können Schicht um Schicht erar-beiten und sehen. Damit ist es möglich, das innere Auge zu ent-decken. Mit diesen beiden Chakras können wir lernen, uns selber zu sehen. Wir können die eigene Aura betrachten - innen, außen, rundherum. Mit diesem Sehvermögen konnte dieses Buch erar-beitet werden. Denn alles Wissen, das hier niedergeschrieben ist, wurde erlebt oder gesehen durch jene geistige Erfahrung, die zur Hellsicht führte. Die innere, dunkelviolette Chakrakugel bringt die Einsicht oder Sicht, die notwendig ist, um ungeklärte Emotionen, Vergangenes und Verdrängtes oder nie abgelegte Untugenden auf-arbeiten zu können. Was mit „innerer Schau" erledigt wird, ist Balsam für die Nerven!

Chakra 11: Das Epiphysenchakra

Dieses Chakra ist mit der Epiphyse verbunden und leitet deren Funktionen. Durch das Zusammenwirken mit der Hypophyse reguliert, stimuliert und dirigiert es mit, um die Hormonproduktion des ganzen Körpers zu gewährleisten. Die Epiphyse steuert unser psychisches System. Das dazugehörende Chakra ist in seiner Grundschwingung hellblau. Die Verantwortung für unser eigenes Tun liegt in diesem Organ oder Chakra! Von diesem Zentrum aus wird all das, was falsch gelebt wurde, wieder neu orientiert, neu angepackt. Die Chakrakugel im elften Chakra hat die Grundschwingung Rot. Die beiden ineinander rotierenden Chakras aktivieren unser Unterscheidungsvermögen und helfen uns, richtige Entscheidungen zu fällen.

Chakra 12: Das Scheitelchakra

Wie das Scheitelchakra der Siebener-Reihe, ist auch dieses Chakra mit der Hypophyse verbunden und gibt Impulse, damit Hirnaktivitäten weitergeleitet werden. Außerdem bewirkt es mit seinen Impulsen, daß die komplizierte Steuerung der Organsysteme besser gelingt. Man könnte dieses Chakra auch Kronenchakra nennen. Es schwingt lilaviolett und spielt sein Spiel mit der Krone unseres Höheren Selbst. Von hier aus empfängt der Mensch die Aufgabe aus den höheren Sphären, die er transformiert und ins Irdische manifestiert. Die Kugel in der Kugel ist gelb und hilft dem Geist, all das, was kommt, zu ordnen. Das Steißbein und das Kronenchakra sind Gegenpole, die einander die Hand reichen.

Die 24er-Reihe
(Reihe c in Abb. 2, Farbt. II)

Diese Chakrareihe befindet sich auf der Mittellinie und im hinteren Teil unseres Körpers. Das unterste Chakra liegt vor dem Kreuzbeinknochen im Beckenbereich. Die weiteren Chakras verlagern sich nach hinten, plazieren sich im Wirbelsäulenknochen, bis sie ca. ab dem dritten bis fünften Chakra auf dem Rückenteil der Wirbelsäule zu finden sind. (Das ist bei jedem Menschen etwas unterschiedlich). Das vierundzwanzigste und letzte Chakra dieser Reihe liegt im Nacken.

Chakra 1
Dieses Chakra ist verbunden mit den Steißbeinknochen und einigen dazugehörenden Muskeln. Es aktiviert die Funktion des aufrechten Ganges und stützt das stabile Aufrechtstehen.

Chakra 2
Es ist mit den Hoden/Eierstöcken verbunden und für die richtige Chromosomenzahl in Ei und Samenzelle und deren Funktionen verantwortlich.

Chakra 3
Dieses Chakra ist mit der Kreuzbeingegend verbunden. Es ist für die Stärke und Stabilität des Kreuzbeins und dadurch auch für die gute, stützende, aufrechte Haltung des Körpers verantwortlich.

Chakra 4
Es ist mit der Milzregion verbunden und Impulsgeber für die diversen offenstehenden Möglichkeiten in den Reinigungsanlagen der Milz.

Chakra 5
Es reguliert das Balancesystem des Salzhaushaltes im Blut.

Chakra 6
Es ist mit dem rechten, dem viereckigen und einem kleinen Teil des geschwänzten Leberlappens verbunden. Es ist verantwortlich für die chemische Zusammensetzung von Gallenbestandteilen (Lipase/Fermente) und deren Funktion.

Chakra 7
Es ist ein Herz-Kreislauf regulierendes Chakra und aktiviert den Blutkreislauf der Arterien.

Chakra 8
Dieses Chakra betreut und aktiviert das venöse Blutkreislauf-system des großen Blutkreislaufes.

Chakra 9
Es aktiviert und reguliert die Tätigkeit der Nervenenden in der Darmregion.

Chakra 10
Es dient der Funktion der Nerven (linke Hirnhälfte) und deren Aktivität.

Chakra 11
Es aktiviert und reguliert Nervenmechanismen der gesamten Halsfunktion.

Chakra 12
Dieses Chakra ist für alle Nerven beider Oberschenkel tätig und reguliert deren Funktion.

Chakra 13
Es reguliert die Sekretion der Magendrüsen.

Chakra 14
Es wirkt regulierend auf die Nervenstränge im Halsbereich (3/4 des Halses von unten her).

Chakra 15
Es wirkt in der Nebennierengegend anregend, beruhigend und Ausgleich schaffend auf das sich dort befindliche Nervensystem ein.

Chakra 16
Es ist mitbeteiligt am Aufbau von Zytoplasma der Zellen und ist hauptverantwortlich für die Verschiedenartigkeit der Zellprogramme und ihre spezifischen Aufgaben.

Chakra 17
Dieses Chakra ist für die Entgiftung in der Niere via Kapillarsystem zuständig. Es hilft bei der Resorption von Flüssigkeit und stützt die Funktion der Nierenkanälchen.

Chakra 18
Es stimuliert im menschlichen Körper alle mikrobiologischen Prozesse und reguliert deren spezifische Funktionen und Programme.

Chakra 19
Es regt die Funktion der Zellteilung an, überwacht die Wachstumsprozesse und dirigiert den Ablauf des Stoffwechsels der Lymphozyten und deren Programme.

Chakra 20
Dieses Chakra überwacht die Lymphknotenfunktionen und leitet den Stoffwechsel der Lymphozyten und deren Programme.

Chakra 21
Dieses Chakra übernimmt die Leitung für das Funktionieren der Harnsäureausscheidung in den dazugehörigen Organsystemen.

Chakra 22
Dieses Chakra ist für die gesamte Funktion der Nierentätigkeit zuständig. So kann die Niere zum Beispiel für die normale Zusam-

mensetzung, Konzentration und Menge der Urinabgabe, sowie für die Rückresorption von Flüssigkeit etc. richtig reagieren.

Chakra 23
Dieses Chakra leitet die gesamten Prozesse der Verdauungssekretion. Dadurch wird die erforderliche Qualität, Quantität und Zusammensetzung der Verdauungssäfte garantiert, so daß immunbiologische Systeme in Gang gebracht werden können.

Chakra 24
Dieses Chakra ist verantwortlich für die Hormonausschüttung bei der Stimulierung der Brustdrüsen. Der stillenden Mutter hilft es, die Milchproduktion anzuregen.

Die 22er-Reihe
(Reihe d in Abb.2, Farbt. II)

In dieser Chakrareihe sind die ersten dreizehn Chakras je doppelt geführt. Am linken und rechten Schienbein beginnen die beiden Chakras oberhalb des Knöchels und beenden ihre doppelte Führung in der unteren Bauchregion. Vom vierzehnten bis zum zweiundzwanzigsten Chakra, genau auf der Mittellinie des Körpers, ergibt sich nur noch je ein Chakra. Diese Chakrareihe endet am oberen Rand des Brustbeins.

Chakra 1
Linkes Bein: Es reguliert die Bildung von Blutkörperchen im Knochenmark.
Rechtes Bein: Es steuert und aktiviert den Mineralienhaushalt der Zellen und deren Zellkernmembrane.

Chakra 2
Linkes Bein: Dieses Chakra ist am Vorgang des Hämoglobinbildens beteiligt und hilft, daß dieser rote Blutfarbstoff in den

roten Blutkörperchen integriert bleibt.

Rechtes Bein: Dieses Chakra formiert, aktiviert und reguliert gewisse chemische Substanzen und fördert damit die Entstehung und den Aufbau aller Blutkörperchen.

Chakra 3

Linkes Bein: Dieses Chakra hilft, die aus Bauchspeicheldrüse und Leber stammenden Verdauungsfermente funktionstüchtig zu halten und deren Menge und Zusammensetzung zu regulieren.

Rechtes Bein: Es hilft die Verdauung zu fördern, indem es die Gallenkonzentration regelt und den Rhythmus der Lebertätigkeit mit der richtigen Menge des Gallenflusses kontrolliert und ausgleicht.

Chakra 4

Linkes Bein: Es hilft die Blutplättchen (Thrombozyten) aufzubauen und deren Aktivitäten zu regulieren.

Rechtes Bein: Dieses Chakra hilft das Gleichgewicht der verschiedenen Inhaltsstoffe des Blutserums herzustellen.

Chakra 5

Linkes Bein: Es reguliert die Tätigkeit des vorderen Teils des Mittelhirns, des verlängerten Rückenmarks und des ganzen Kleinhirns.

Rechtes Bein: Es reguliert die Aktivitäten des Hirnnervensystems.

Chakra 6

Linkes Bein: Es leitet Fermentbildungssysteme der roten Blutkörperchen.

Rechtes Bein: Das sich im Blut befindliche Abwehrsystem wird mit diesem Chakra in Balance gehalten. Immunbiologische Vorgänge werden dadurch gestützt, um Resistenz gegen Krankheit zu gewährleisten.

Chakra 7

Linkes Bein: Dieses Chakra reguliert den Blutdruck und ist ver-

antwortlich für die Druckwelle des Herzens, die den ganzen Körper durchpulst.
Rechtes Bein: Es reguliert die Klappensysteme des gesamten Blutkreislaufes.

Chakra 8
Linkes Bein: Dieses Chakra ist Regulator für den gesamten venösen Blutkreislauf.
Rechtes Bein: Es ist mit dem inneren Gewebe der Beinvenen und deren Funktionen verbunden.

Chakra 9
Linkes Bein: Es stimuliert das Lymphsystem und leitet die gesamten Funktionen der Lymphknoten.
Rechtes Bein: Es ist für das Gewebe aller Lymphgefäßwände zuständig.

Chakra 10
Linkes Bein: Es wirkt stimulierend auf die Hautfunktionen der linken Brustdrüsen und deren Gänge.
Rechtes Bein: Es stimuliert alle Aktivitäten des Hautgewebes der Gallengänge.

Chakra 11
Linkes Bein: Dieses Chakra ist für das Gedeihen der gesamten, die Milzoberfläche überziehende Haut zuständig.
Rechtes Bein: Dieses Chakra ist für die Funktion des gesamten Innenhautsystems des Körpers tätig.

Chakra 12
Linke Seite in Blasengegend: Dieses Chakra ist für die Reflexe der Blasentätigkeit zuständig (zusammenziehen und entleeren etc.)
Rechte Seite in Blasengegend: Es ist außerdem für die Funktion des gesamten Ablaufs der Blasenentleerung zuständig.

Chakra 13
Linke und rechte Seite oberhalb der Blase: Sie sind mitverantwortlich für die Gewebe der Kreuzbein- oder Sakralgelenke und
deren Umgebung.

Chakra 14 (nur noch 1 Chakra)
Dieses Chakra ist mit der Funktion der Nierengewebe beider
Nieren verbunden.

Chakra 15
Dieses Chakra ist mit dem Bauchnabel und dessen Funktion verbunden.

Chakra 16
Dieses Chakra ist mit dem Solarplexus, dessen Nervenfunktionen
und Reflexen verbunden.

Chakra 17
Dieses Chakra ist mit der Produktion der Magensekretion verbunden und reguliert deren Zusammensetzung.

Chakra 18
Es ist für das gesamte Lungenepithel der linken Lunge und dessen
Funktion zuständig und reguliert den Stoffwechsel der linken
Lunge.

Chakra 19
Es ist mit der Milz verbunden und regelt deren Funktionen (außer
Antikörperbildung).

Chakra 20
Es ist für den gesamten Ablauf des Stoffwechsels der Leber zuständig und für die Zusammensetzung der Gallensekrete verantwortlich.

Chakra 21
Es ist Regulator für die Knochenfunktion des Brustbeins.

Chakra 22
Dieses Chakra ist verantwortlich für das Epithel der Milchgänge und deren Funktion. Durch Hormonausschüttung stimuliert es den gesamten Ablauf der Milchproduktion in den Milchdrüsen. Bei Männern steuert es den Gesamtablauf der Hormonproduktion für den Sexualbereich.

Die 48er-Reihe
(Reihe e in Abb. 2, Farbt. II)

Diese Chakrareihe besteht aus 48 Chakras. Sie befinden sich wenig innerhalb und wenig außerhalb des Rückens, genau auf der Mittellinie des Körpers. Das erste Chakra sitzt ungefähr auf der Höhe des Afters und das achtundvierzigste Chakra befindet sich in der Höhe des Genicks.

Chakra 1
Dieses Chakra ist verbunden mit dem Beckenknochen (Sitzbein und Schambein) und ist verantwortlich für das Wachstum und die Vermehrung dieser Knochenzellen.

Chakra 2
Es ist verantwortlich für die Einlagerung der Mineralsalze in das Gewebe der Kreuzbeingelenke.

Chakra 3
Es ist verbunden mit einem Teil der Gesäßmuskulatur und ist für deren Stoffwechsel zuständig.

Chakra 4
Dieses Chakra ist verantwortlich für die Bildung der verschiedenen Fermentsorten und ihrer Eigenschaften.

Chakra 5
Dieses Chakra reguliert den Säurehaushalt jeder Körperzelle.

Chakra 6
Dieses Chakra ist für das Heranreifen der Eizelle und der Spermien verantwortlich.

Chakra 7
Dieses Chakra ist für die Fermente im Magensaft verantwortlich, fördert ihre Zusammensetzung und steuert deren Zusammenwirken.

Chakra 8
Dieses Chakra ist mit den Eierstöcken und den Hoden verbunden. Es fördert das Wachstum der Follikel und deren Platzen zum richtigen Zeitpunkt (Eisprung). Es fördert die Lebendigkeit und Beweglichkeit der Samenzellen, damit neues Leben aktiver und sicherer gezeugt werden kann.

Chakra 9
Dieses Chakra ist mit der Funktion der Nieren verbunden. Es steuert das Ausscheiden der verschiedenen anorganischen Substanzen.

Chakra 10
Dieses Chakra steuert jegliche Eiweißfunktion im Körper und die damit verbundenen biologischen Auswirkungen.

Chakra 11
Es ist mit den Lymphknoten und -gefäßen verbunden und steuert die gesamte Funktion der Lymphdrüsen.

Chakra 12
Dieses Chakra fördert alle lymphatischen Abwehr- und Reinigungsfunktionen.

Chakra 13
Dieses Chakra fördert, leitet und koordiniert alle Mechanismen der Lymphe.

Chakra 14
Es aktiviert die gesamte Funktion der Lymphabwehr.

Chakra 15
Es koordiniert alle Mechanismen der Lymphe und fördert deren Funktion.

Chakra 16
Dieses Chakra fördert das Resorbieren der Lymphflüssigkeit in die Blutbahn.

Chakra 17
Es fördert das Austreten von Blutplasma (Lymphe) aus den Blutkapillaren ins Gewebe.

Chakra 18
Es fördert die Aufnahme von Blutplasma ins Lymphsystem.

Chakra 19
Wie Chakra 16

Chakra 20
Wie Chakra 17

Chakra 21
Wie Chakra 20 und 17

Chakra 22- 48
Gleich wie Chakra 19 und Chakra 16. Sie fördern die Resorption der Lymphflüssigkeit in die Blutbahnen.

Kapitel 6

Die Wunderwelt der Chakras

Verschiedene Chakrasorten und Schwingungselemente

Abbildung 3 a/b/c zeigt, daß es verschiedene Chakras oder verschieden betriebene Systeme gibt. Die Hauptchakras sind komplizierte, die Nebenchakras einfachere bis ganz einfache Systeme. Es ergeben sich drei Arten. Das erste und einfachste System birgt einzelne durcheinanderschwingende und das Ballsystem aufrechterhaltende Yin/ Yangteilchen (Abb. 3a). Das zweite Chakra ist eine Kugel, in deren Mitte eine geschwungene Linie in S-Form alles unterteilt (Abb.3b). Diese Linie schwingt in sich selbst, ist am oberen und unteren Pol befestigt und stellt ein halbes Schwingungselement dar. Es kann sich in kleinster Vibration hin und her bewegen. Yin/Yang-Teilchen sausen auf der S-Bahn in Gegenrichtung und schwingen dementsprechend mit. Alles wird durch die Antriebswelle im Inneren der Kugel unterstützt und in Schwung gehalten. Alles bewegt sich und heizt gegenseitig die Energie an, so daß sich die Kugel dreht und wendet.

Drei verschiedene Sorten Chakras

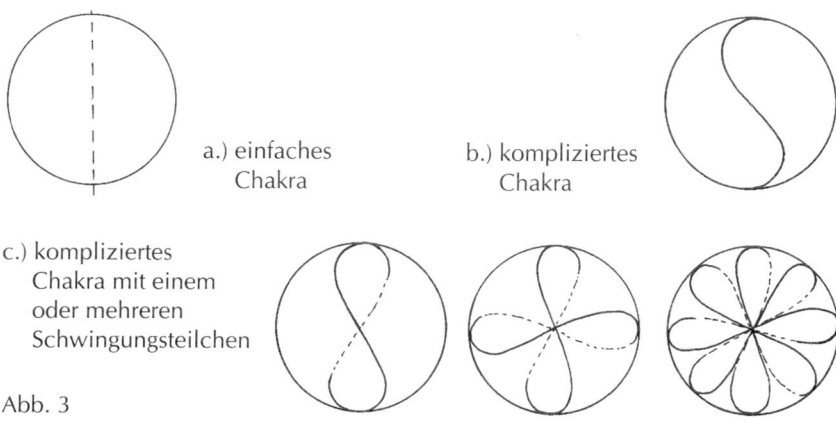

a.) einfaches Chakra

b.) kompliziertes Chakra

c.) kompliziertes Chakra mit einem oder mehreren Schwingungsteilchen

Abb. 3

Das dritte, kompliziertere Chakra hat ein oder mehrere einer Acht gleichende und um sich selbst rotierende Schwingungselemente (Abb. 3c). Sie sind nirgends befestigt und balancieren im Chakra, drehen und wenden sich nach allen Seiten. Die Bewegung gleicht einem Propeller, der nicht nur horizontal, sondern auch über die eigene Achse und um diese herum schwingt. Ein riesiger Wirbel entsteht, und die Frequenzen erhöhen sich. Langsamere Bewegungen sind unerwünscht, sie könnten die anderen Chakrateilchen verkleben und uns funktionsuntüchtig machen. Denn wer kurbelt unsere Hauptschwingungselemente an? Wir selbst, mit unserer guten Laune und unserer Herzensliebe. Die Schwingungselemente (Abb. 4, S. 70) sind in ihren inneren, gegengleich laufenden Bahnen ebenfalls Yin/Yang geprägt. Auf deren Oberfläche sowie im Inneren des Elementes befinden

sich viele kleine herumsausende Chakrakügelchen, die helfen, den Mechanismus anzuheizen.

Die Schwingungselemente sind im ganzen System der Aura wiederholt. Jenes Element, das in Form einer Acht schwingt, ist bedingt vorhanden, denn die Ordnung ändert sich, wenn der Mensch entwickelt ist. Dann wird diese Acht zu einem Kreis und fügt sich als Linie in ein neues System ein, das sich erst bilden muß.

Der Mittelpunkt eines Chakras (Abb.5), also die Stelle, wo sich die Schlinge des Schwingungselementes kreuzt, ist ein Zentrum besonderer Art. Die magnetischen Felder dieses Zentrums kurbeln mit dem Yin/Yang-Effekt das ganze Chakra an und geben Impulse, damit der ganze Mechanismus abläuft.

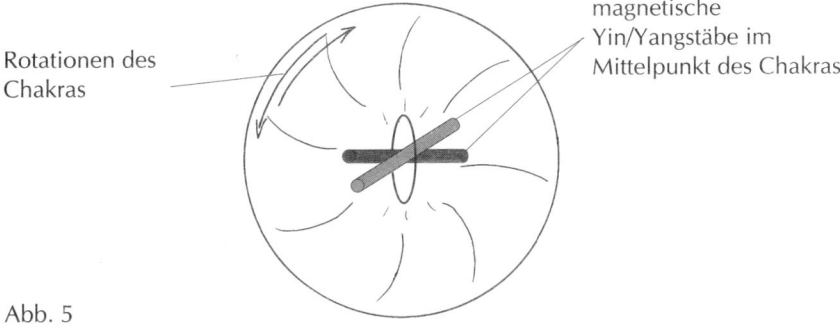

Rotationen des Chakras

magnetische Yin/Yangstäbe im Mittelpunkt des Chakras

Abb. 5

Abb. 4

Yin und Yang in den Schwingungselementen

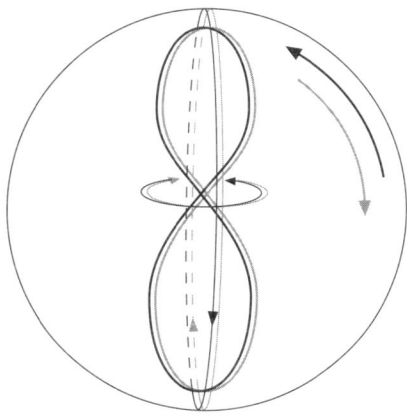

Rotationen der Schwingungselemente
Kopfüber/Kopfunter
nach links und rechts drehend
um die eigene Achse
und rundum drehend im Chakra

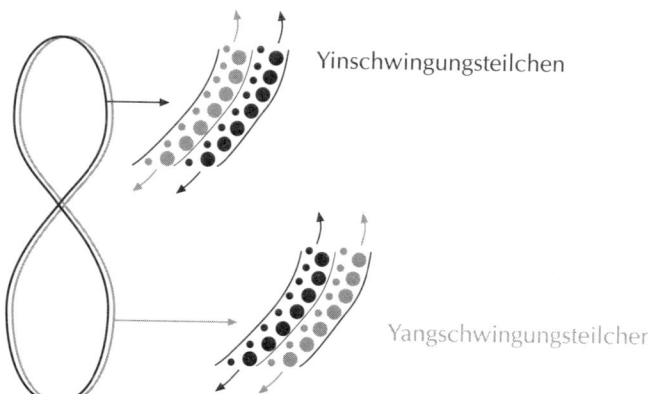

Yinschwingungsteilchen

Yangschwingungsteilchen

Die Schwingungselemente besitzen innerhalb ihrer Hauptstruktur ent-
gegenlaufende Chakras die entweder mehr Yin-oder Yangbetont sind.

Chakrakugeln befinden sich auch außerhalb unseres Körpers. In ihnen wiederum sind andere, beliebig viele Systeme und Kugeln enthalten.

Abbildung 6 zeigt die große Einteilung, welche sich in vier Einheiten gliedert; daran befestigt können Tausende solcher Formen sein. Die großen Kugeln besitzen in ihrem Innern kleinere Kugeln und zuinnerst ist der Körper mit den sieben Hauptchakras (bzw. zwölf etc.).

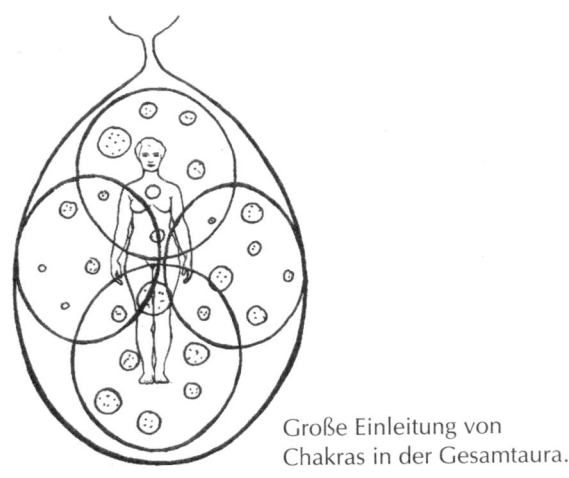

Abb. 6

Große Einleitung von Chakras in der Gesamtaura.

Die Chakrakugel als Einheit birgt auch immer die Zweiheit in sich. Jedes System ist doppelt, ob nun keine oder mehrere Schwingungselemente darin herrschen. In der Kugel befindet sich eine zweite Kugel, die um ihre eigene Achse entgegen dem Uhrzeigersinn rotiert. (Abbildung 7, S. 72)

Sowohl Yin- wie Yang-Energie wird als Ausgleich immer und überall benutzt. Ihr Zusammenspiel gewährleistet überhaupt das Funktionieren des irdischen Daseins.

Abbildung 8 (S. 73) zeigt den Querschnitt eines Chakras, in dem besonders die feinen Yin- und Yang-Muster hervorgehoben sind. Wir sehen, daß sich diese Energien ergänzen und zu einem Geflecht wachsen. Die einzelnen Fädchen schießen hoch und klammern sich an verschiedene Punkte, um sich gleich wieder ins

Yin und Yang als Ergänzung und Gegenrotation in den Chakren

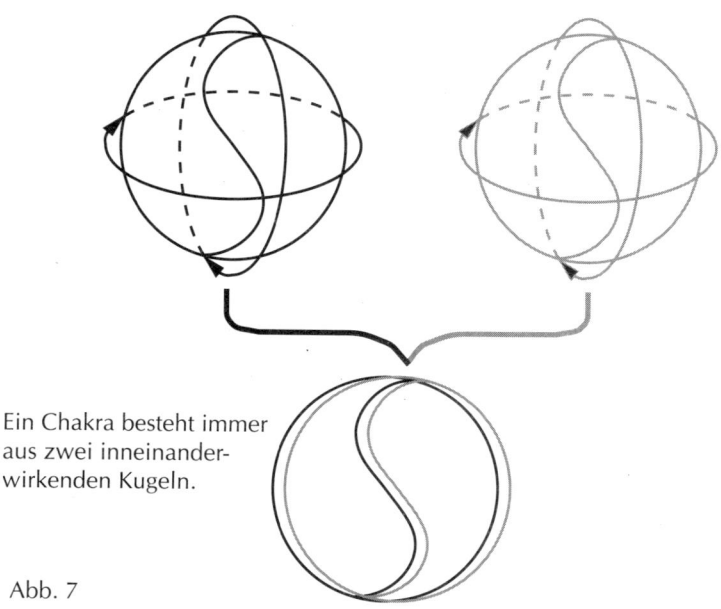

Ein Chakra besteht immer
aus zwei inneinander-
wirkenden Kugeln.

Abb. 7

Innere des Chakras sausen zu lassen. Es wird deutlich, wie Yin und Yang, Rot- und Blau-Energien, ihren vorgezeigten Weg gehen. In zehn verschiedenen Mustern wird dargestellt, wie sie sich ihren Weg bahnen. So wie sich dieses Energiegewebe innerhalb des Chakras bewegt, so fließt es auch nach außen, füllt unser menschliches Universalsystem und das ganze All. In den Yin-Fädchen befinden sich feine Yang-Elemente, sei es in Form von Energiefäden oder in Form von feinen Chakrakügelchen. Umgekehrt ist auch in den Yang-Elementen Yin enthalten.
Jeder noch so feine Faden wird aus den Energie erzeugenden Rotoren gespeist. Einerseits werden wir durch das Universum ernährt, andererseits erhalten wir uns selber, indem wir durch unser Sein alles ewig in Bewegung bringen.
Nicht nur die Frequenzenfäden existieren im Innern des Chakras, sondern das ganze Schema der Kugeln wiederholt sich. Wir finden

Abb. 8

Yin- und Yang-Energie

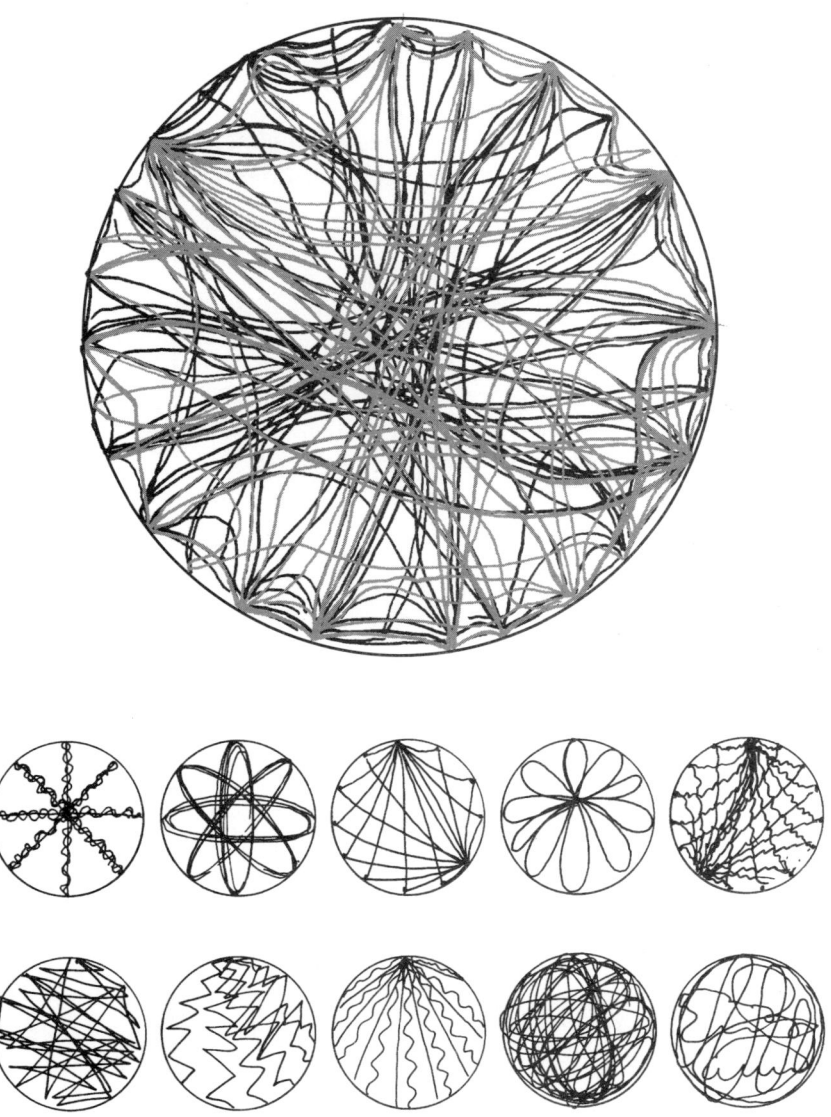

Beispiele von Frequenzmustern, die das Chakra durchziehen.

viele kleinere Chakras im Chakra, in deren Inneren wiederum noch kleinere Chakras sind. Und dies wiederholt sich bis Unendlich.

Abbildung 9 zeigt diese Wiederholung in der Wiederholung. Erweitern wir unsere Rotoren, werden immer noch kleinere, bisher nicht beanspruchte Systeme wirksam. Sind wir richtig erwacht, beginnen alle Chakras zu blühen. Sie werden sich öffnen, wenn wir zu liebesfähigen Menschen geworden sind. Die Anzahl der Blüten eines Blumenmenschen ist unendlich, weil das kleinste Detail zu blühen beginnt.

Chakrainhalt mit vielen Chakras

Vergrößerung eines Kügelchens

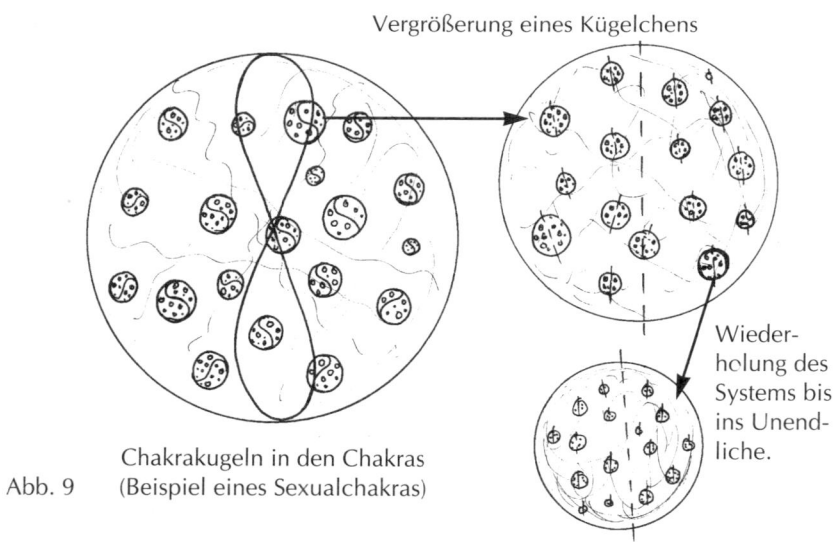

Wiederholung des Systems bis ins Unendliche.

Abb. 9 · Chakrakugeln in den Chakras (Beispiel eines Sexualchakras)

Chakrahäute

Das ganze Chakra wird durch eine Schutzschicht abgeschlossen oder eingehüllt.

In Abbildung 10/11 (Farbt. III) sehen wir die beiden Hautschichten des einfachen Chakras. Die obere Haut schützt die untere, feinere Schicht (Abb.11). Beide ergänzen sich und rotieren ebenfalls, und zwar in Gegenrichtung. Die feinere Schicht sieht wie zusammengefaltetes Kreppapier aus. Beim Vergrößern des

Chakras wird sie jedoch glattgezogen. Das zweite, einfache Chakra im Chakra besitzt genau gleiche Hautschichten. Die Außenhaut schützt das Chakra vor der Außenwelt und stellt eine Membrane dar, an der die Auffangstationen der Frequenzfäden befestigt sind. Viele kleine Pünktchen sind auf der obersten Hautschicht zu sehen. Sie sind jedoch so klein, daß wir sie nicht darstellen können. Jedes dieser Pünktchen ist ein die Haut belebendes Rotörchen. Es leitet die Fädchen an die untere oder innere Schicht weiter, wo das gleiche in umgekehrter Reihenfolge abläuft. Was von innen kommt, geht durch die Haut nach außen und umgekehrt. Dieser Vorgang ähnelt dem der Osmose (1). Da die Frequenzen außen nicht aufrechterhalten bleiben können, wenn im Inneren zu wenig Energie herrscht, wird sogleich ein Ausgleich der Energien herbeigeführt. Ist wenig davon vorhanden, ballt sich das System zusammen und verklebt.

Das kompliziertere Chakra besitzt drei verschiedene Häute. Abbildung 12 (Farbt. IV) beschreibt dies ausführlich. Alle drei Schichten sind in die Kugel eingezeichnet. Die oberste Haut hat die gleiche Funktion wie die des einfacheren Chakras, sie sieht jedoch ganz anders aus. Sie besitzt Tausende von kleinen Schuppen, die sich vergrößern, wenn das Chakra an Volumen zunimmt. Die Mittelschicht ist Auffangstation von außen und innen, hält alles in wunderbarem Fluß und kitzelt mit kleinen Härchen die Unterseite der Oberschicht sowie die Oberseite der unteren Schicht. Die kleinen Zellen oder Einheiten können durch Reflexe die an ihnen festgemachten Härchen bewegen. Diese Härchen sind mitverantwortlich, daß die drei Schichten genug Frequenzen bekommen, denn das Kitzeln verursacht Wirbel, welche die Ober- sowie die Unterschicht reizen und zur Arbeit anregen. Ober- und Unterschicht haben gemeinsame Funktionen. Sie sind so voller Energiefäden, daß eine Zwischenschicht notwendig ist, welche das Verpappen verhindert. Also bilden diese Auffangstationen von innen und außen ein besonderes Geflecht, welches aus Kügelchen oder Frequenzen besteht. Die untere Schicht ist ähnlich einem Schildkrötenpanzer angeordnet. Die Frequenzen bilden dieses Muster, welches schillernde Farben in sich birgt. Es hat viel mit oxydierten Metallen zu tun. Diese Schicht ist für die Speisung des Körpers mit Lichtmetallen mitverantwortlich. Auch dies ist notwendig und möglich. Verklebt diese Schicht mit den anderen, kann es sein, daß der irdische Körper zu wenig Eisen aufnimmt oder andere Spurenelemente, wie z.b. Mangan, zurückweist, manchmal sogar gleich ausscheidet und nicht einlagern kann. So viele Dinge können geheilt werden, wenn wir unsere Seele pflegen und unseren Geist entwickeln, damit der feinstoffliche Bereich rundum zum Sprudeln gebracht wird.

(1) Osmose
Übergang einer Flüssigkeit durch eine halbdurchlässige Wand (Membrane) in eine andere, stärker konzentrierte Lösung.

Schutzsacksystem
Die Formationen der Chakras in Bündel und Pakete sind durch Spiralbildung gewährleistet. Um die Pakete richtig beisammenzuhalten, ist ein Schutzsystem notwendig, das wie folgt aussieht: Ein Chakra ist in eine Art Hautsäckchen eingehüllt, das sich bei Erweiterung des Chakras ausdehnen kann.
Abbildung 13 (S. 77) zeigt uns das Schema eines Sackes, in dessen Mitte sich ein mit Frequenzen gut versorgtes Chakra befindet. Der Sack ist lamellenartig ausgedehnt und bietet Schutz, damit die Frequenzen zusammenbleiben. Ist die Frequenz nicht mehr so stark, und dies geschieht meist in Sekundenschnelle, schlafft das System ab, zieht seine Lamellen zusammen und paßt sich der neuen Situation des Chakras an. Geschieht das Zusammenziehen der Lamelle zu langsam, ist der Schutz nicht sofort gewährleistet. Der so herunterhängende schlaffe Sack läßt die Energie des Chakras durchsausen oder verpuffen. Die Konsequenz ist Energieverlust, Müdigkeit, usw. Kaffeetrinken hilft in solchen Fällen nicht, denn Kaffee regt zu heftig an und drängt den Körper zu einer erneuten Mobilisierung der Energie, die dann abermals, aber wilder als zuvor, durch die gleichen Lecks verpufft.
Die zur Schließung des Säckchens notwendigen Reflexe sind besser auszulösen durch Besinnung auf sich selbst als durch das Einnehmen ankurbelnder und danach ermüdender Aufputschmittel.

Schutzsack der Chakras

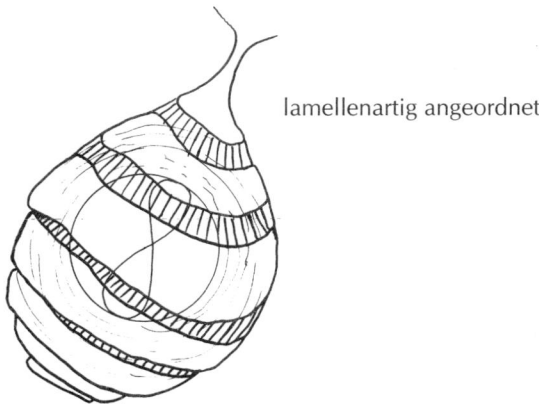

lamellenartig angeordnet

Abb. 13

Querschnitt durch die Schutzhaut:

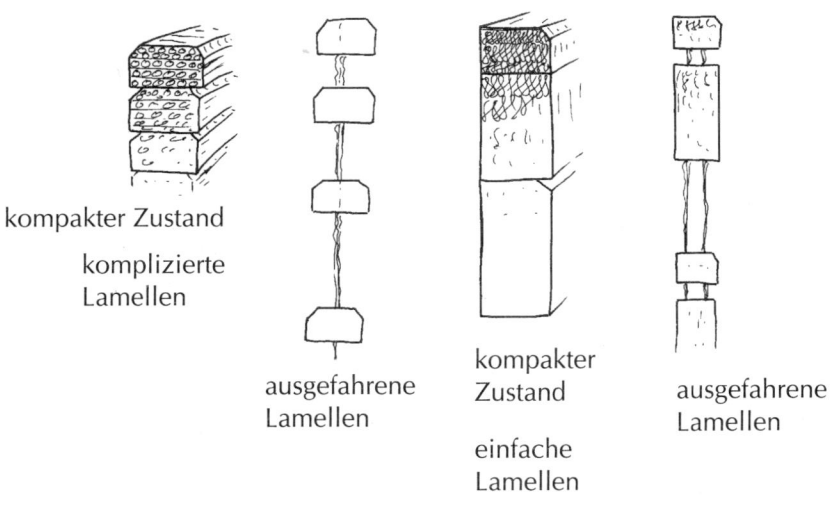

kompakter Zustand

komplizierte
Lamellen

ausgefahrene
Lamellen

Abb. 14 a

kompakter
Zustand

einfache
Lamellen

ausgefahrene
Lamellen

Abb. 14 b

Die durch unser Denken ausgelösten Reflexe sind stark genug, die einzelnen Säckchen wieder zu schließen und unsere Energie zu behalten. Wir brauchen nur zu denken, daß diese Säckchen sich schließen sollen, und sie befolgen dies prompt. Wie wohltuend ist es, um solche selbstheilenden Mechanismen zu wissen. Übrigens soll sich nicht das Chakra selbst dabei schließen, sondern nur das Schutzsystem. Die Haut dieses Sackes ist in Abbildung 14 a/b (S. 77) schematisch dargestellt.

Abbildung 15 (Farbt. V) zeigt, wie diese Säckchen untereinander verbunden sind. Ein System ist ins andere gebettet oder mit ihm zusammengeschlossen. Hier haben wir ein Herzchakra-Nebensystem herausgegriffen. Verteilt um dieses Nebenherzchakra befinden sich sieben weitere Chakras, die von einem wellenartig rotierenden Sacksystem umschlossen sind. Dieses Wunder an Frequenzen verdichtet oder dehnt sich und bewegt ununterbrochen die sich wie Tupfen oder Kügelchen in der Haut befindlichen kleinen Chakras. Dehnt sich die Haut aus, ist der Schutz gewährleistet, und die Energie fließt in kurzen Abständen, einmal langsam, einmal schnell. Die entstehenden Impulse verursachen ein Pumpen. Die pumpende Haut wird durch die Reflexe gestützt, die von den kleinen Chakras ausgehen, die sich in ihrem Innern befinden.

Das ganze System ist jedoch durch das Hauptchakra beherrscht, welches seinerseits Licht pumpt und pulsartige Energien aussendet. Bei kontinuierlich fließender Energie ensteht Vibration. Die Reflexe versorgen das ganze System und beeinflussen alles Umliegende mit. Wir sind unser eigenes Wirtschaftssystem und können durch die Reflexe des Herzens alles übrige mitbearbeiten. Sind wir ein fließendes System geworden, also „mit uns einig", können sich die Häute zu großen, meterhohen Gebilden entwickeln oder ausdehnen. Dann ist der Schutzsack ganz gespannt und hat keine Einbuchtungen mehr rund um die Nebenchakras. Die hier erwähnten Nebenchakras haben ihrerseits auch noch ein kleineres, einfaches Chakra angegliedert. Auch sie sind in ein Sacksystem eingebettet, das den Mittelpunkt, „das Herzchakra", nochmals schützt. Schließlich gliedert sich noch einmal eine Haut um das

Paket und hält es so schön kompakt zusammen. Diese äußerste Schicht besitzt einfachere Lamellenvorrichtungen, wie in Abbildung 14 b (S. 77) gezeigt.

Die Häute sind untereinander durch Energiereflexe verbunden, denn quer und längs zu ihnen verlaufen kleine, die Zirkulation gewährleistende oder anheizende Fädchen. Die Häute zirkulieren in Gegenrichtung zueinander um die Chakras herum. Die äußerste hat die gleiche Rotationsrichtung wie die innerste Haut.

Abbildung 16 (Farbt. VI) zeigt, daß die das Herzsacksystem einhüllende Haut mit anderen Sacksystemen verbunden ist. Die blaue Haut wird von einem System zum andern gezogen und umfaßt sechs solcher Chakraformationen. Diese an das Herzchakra angegliederten Nebensysteme bedecken den Oberkörper vom Solarplexus bis zum Hals. Sie stellen ein Geflecht aus Chakras dar. All dies zusammen gehört zum System des Herzens und unterstützt dessen Frequenz. Die Eigenschaften dieses Chakras sind verbunden mit denen der Nebenchakras und bilden eine Einheit. Die kleineren, ebenfalls mit einer feinen Membrane umschlossenen Systeme außerhalb der blauen Haut bestimmen Reflexe, die zwischen den Hautsphären reflektieren. Diese blaue Haut wird von einer weiteren, einfacheren Haut umschlossen. Schließlich ist das ganze System in ein noch größeres Hautsystem verpackt (rote Haut), welches ebenfalls als Sack wiederum an eine noch größere Ordnung gebunden ist, wo eine weitere Haut (gelbe Haut) das System schließt.

Der Körper wird immer von Hauptsystemen bestimmt, die klar zueinander stehen. Unterstützt werden sie durch viele Nebensysteme. Das hier beschriebene System (Abb. 16) ist ein Nebensystem des Herzchakras der sieben Hauptchakras. Es liegt direkt auf demselben, ist mit ihm liiert und reflektiert ebenfalls Herzenergien. Seine Eigenschaften sind dem Herzchakra ähnlich, variieren jedoch und ergänzen das Chakra der Mitte.

Entfaltung der Chakras

Die Hautschichten sind je nach Chakratyp mit verschiedenen zusammengefalteten Säckchen bedeckt. Diese blasen sich auf, sobald sich das Chakra mit mehr Energie füllt. Die Oberfläche sieht dann aus, als sei sie mit Schnecken übersät. (Abbildung 17, Farbt. VII)

Dieses Säckchensystem ist unendlich. Je größer ein Chakra wird, desto mehr Säckchen entstehen und können sich aufblasen. Auch hier ist jedoch das Blühen noch nicht geschehen. Ein einfaches Chakra hat hinten und vorn an der Kugel je ein Säckchensystem. Wenn wir die Kugel durchschneiden, sieht ein kompliziertes Chakrasystem wie Abbildung 18 (S. 81) aus. Je mehr Energie sich aufbaut,desto runder werden diese Säckchen (Abbildung 19 a, b), bis sie voll entfaltet auch ein Chakra darstellen.

Abbildung 20 zeigt ein einfaches Chakra mit seinen beiden Sacksystemen in entfaltetem Zustand. Wir stellen also fest, daß in jedem Hautsäckchen ein zusammengefaltetes Chakra schlummert, das sich ausdehnt und zu blühen beginnt, wenn noch mehr Energie einfließen kann.

In Abbildung 21 a, b, c (S. 82) wird das Blühen oder der Vorgang, wie es zum Blühen kommt, beschrieben. Die drei Chakras sind ohne Hautschicht dargestellt. Vor Beginn des Blühens formieren sich Blütenblätter oder Frequenzen so, daß sie sich zur Mitte hin zusammenziehen und die Haut zur Seite drängen (Abb. 21 a). Ein Blatt nach dem andern stülpt sich nach außen und das Chakra blüht (Abb. 21b).

Sind die Blätter voll entfaltet, vergrößert sich das Chakra (Abbildung 21 c). Je mehr Blütenblätter hervorquellen, desto größer wird dieses Chakra. Da ja die Säckchen auf den Säckchen sitzen, werden diese auch bereit, zu erblühen, bis ein einziges Chakra so aussieht wie Abbildung 22 (Farbt. VII). Es handelt sich hier um ein selten schönes Chakra! Es wurde dem Herzchakra eines in der Gegenwart lebenden Menschen „nachgemalt". Es wird hier allerdings nur eine Blumenschicht gezeigt, obwohl zwei Blumenkugeln ineinander blühen können, die jedoch äußerst schwer miteinander zu malen wären, denn es würden sich bei der

Chakra - Hautsacksystem

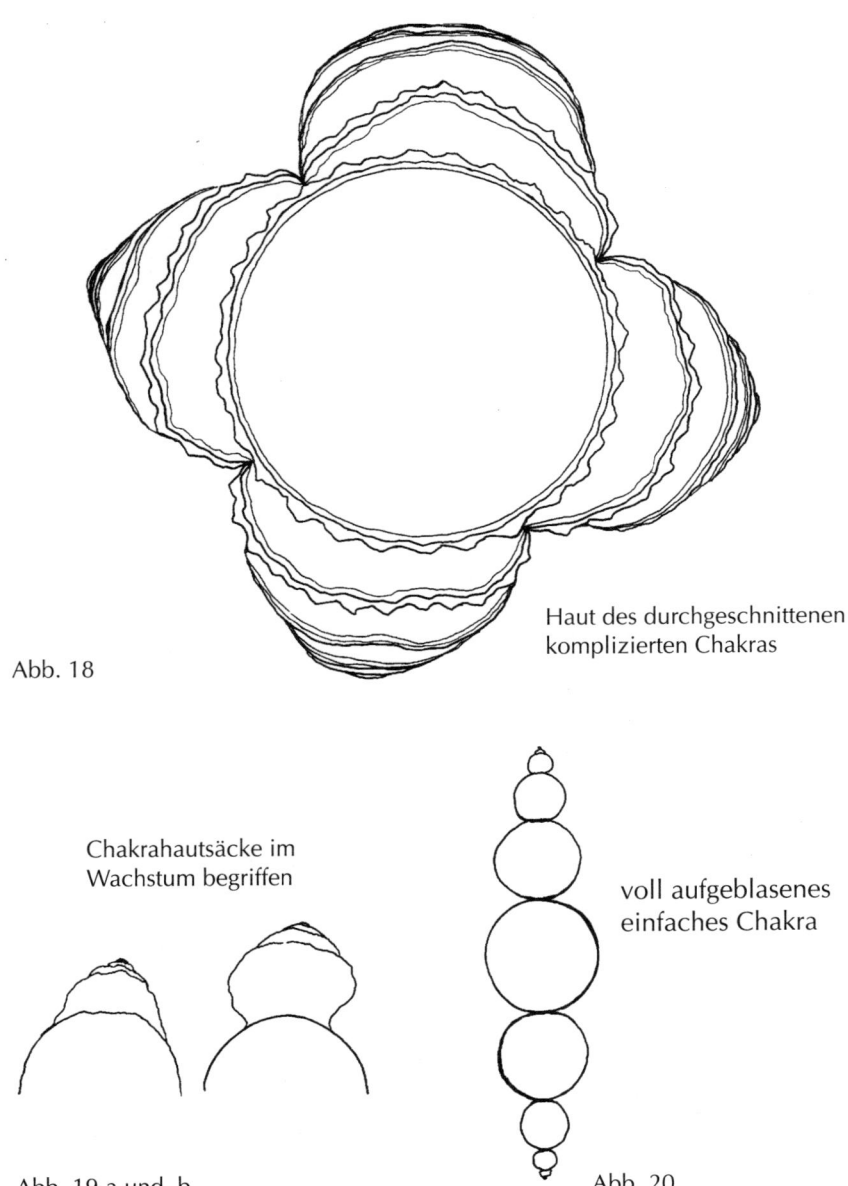

Haut des durchgeschnittenen
komplizierten Chakras

Abb. 18

Chakrahautsäcke im
Wachstum begriffen

voll aufgeblasenes
einfaches Chakra

Abb. 19 a und b

Abb. 20

Vorgang wie ein Chakra zu blühen beginnt

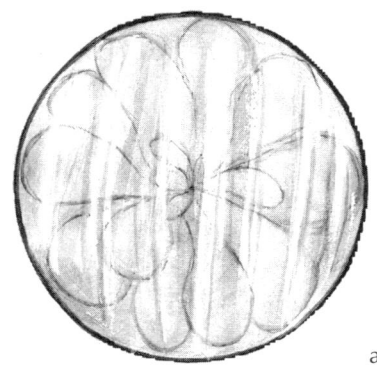

a

b

c

Abb. 21

Ausführung mit unseren irdisch-technischen Möglichkeiten nicht zu bewältigende Probleme stellen.

So müssen wir uns damit begnügen, hier wie auch bei Aurabildern nur eine Schicht zu zeigen oder einzelne besonders aufleuchtende Frequenzen darzustellen. Das hier gezeigte blühende Herzchakra ist in seinen Farben, ja sogar oft auch in seinen Formen veränderlich. Nicht alle Menschen haben dieselbe Art zu blühen. Die einen brauchen Rosa als Grundton, die anderen Weiß, und dies variiert von Tag zu Tag. Sicher ist aber, daß sich die Blätter immer ähnlich entfalten und sich der Blumenberg mit Spitzen präsentiert. Die Blütenblätter sehen nicht immer gleich aus. Sie können einmal spitzer sein, ein anderes Mal wie eine Seerose aussehen oder einer Pfingstrose gleichen. Jeder Mensch hat die Möglichkeit, innerhalb eines gleichbleibenden Systems seinen persönlichen Code auszuleben.

Jeder Mensch hat eine andere Art der Entfaltung. Wir Menschen ergänzen einander. Wären wir alle gleich, würden wir sicher nicht ein so differenziertes Spiel Gottes darstellen.

Sensoren

Es wurden die Chakras erwähnt, damit sich der betrachtende Mensch besser versteht. Der Umgang mit den Chakras ist wichtig zur Verbesserung der Frequenz-Umschlagplätze in unserem Innern. Sie sind unsere Urenergien, also Motor und Schaltstelle zugleich. Sie gliedern sich in Spiralen ein, und wenn wir sie hegen und pflegen, verbessern sie ihre Lichtenergie und steigern unser Wohlgefühl. Die Hauptchakras wurden in Abb. 2 (Farbt. II) dargestellt. Wir sehen, daß sich diese Systeme oft konisch verjüngen. Sie gleichen Orgelpfeifen, denn auch die ihnen entspringenden Töne sind zu hören und schwingen dementsprechend unterschiedlich. Unser Code spielt auf diesen Orgelpfeifen eine eigene Melodie, indem er Mißtöne oder seltene Harfenklänge oder Glockentöne hervorbringt. Bis zu einer bestimmten Frequenz können Tiere diese feineren Schwingungen auf natürliche Weise hören. Wir Menschen empfinden diese Schwingung als Hellhören.

Jedes Organ im Körper hat ein oder mehrere Chakras. Ein komplexes System bildet unser Kopf, denn in ihm befinden sich verschiedene Chakras, die uns, speziell entwickelt, stark beeinflussen. Diese Chakras sind unseren Sinnen zugeordnet, und sie nehmen die Wahrnehmung auf. Eines dieser Sinnesorgane ist die Nase, ein anderes befindet sich im und um den Mund und zwei spezielle Chakras sind dem System der Augen zugeteilt. Je ein Chakra ist den Gehörknöchelchen sowie je eines der gesamten Gehörfunktion zugeordnet. Sie sind verantwortlich dafür, daß wir die helleren Töne wahrnehmen können. Die Anordnungen der Chakras sind tausend- oder millionenfach vorhanden, es ist deshalb unmöglich, alles darzustellen. Also auch hier: alles wird betrieben durch unsere Rotoren und Motoren, eben durch unsere Chakras. Abb. 23 zeigt, wo sich die vier Hauptsinnes-Chakras befinden.

Sinneschakras des Körpers

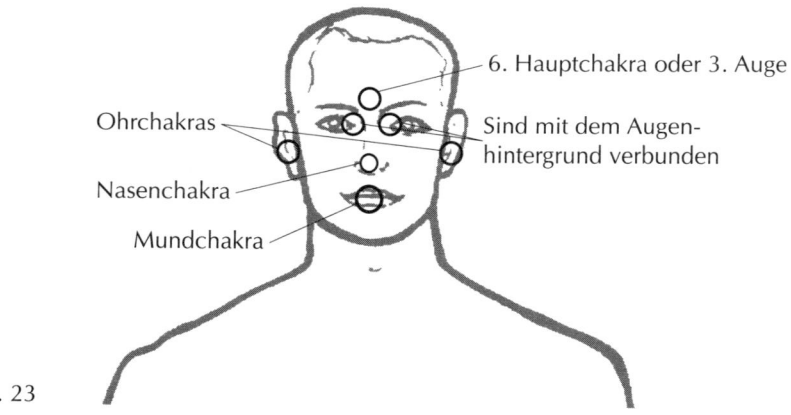

Abb. 23

Die nächste Abbildung (24, S. 85) zeigt Chakras an Kopf, Hals, Händen, Füßen, Knien, Ellbogen und am Beckengürtel. Das ermöglicht eine ungefähre Vorstellung darüber, wo in unserem Körper sich Chakras befinden. Dennoch ist diese Darstellung in keinem Fall erschöpfend.

All diese Chakras haben einen Sinn, der wachbewußt erlebt werden darf oder erlebt werden sollte. Gefühle hängen davon ab, ob wir in den verschiedenen Bereichen unsere Chakras gebrau-

**Verschiedene
einfache Chakren**

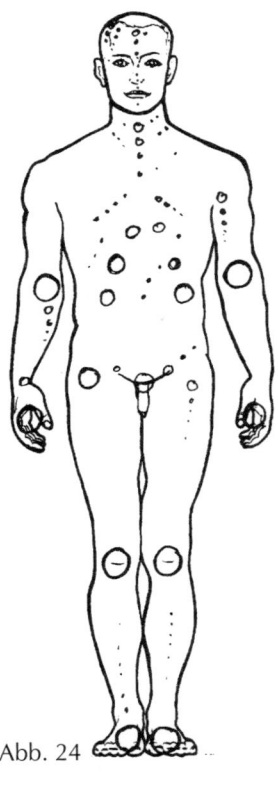

Abb. 24

chen. Jeder Mensch hat Empfindungsorgane, die wahrnehmen und spüren
können. Dazu kommt das Gefühl, in das
wir unser Empfinden einbetten. Somit ist
Empfindung ein Aufnehmen und Wei-
tergeben. Das dabei entstehende Gefühl
ist eine Reaktion auf die Wahrnehmung.
Nicht die Empfindung an sich ist an
unserem nervösen Reagieren schuld.
Nein, unser Seelenkörper mit seinem
ganzen psychischen Paket bereitet uns
bis zum richtigen Verstehen der Empfindungen viel Umtriebe! Denn sobald
wir unsere Bewußtwerdungsorgane ernst
nehmen, können wir beginnen, uns anders zu sehen und Ordnung zu schaffen.
Die Empfindung ist ein Organsystem,
das wahr- und aufnimmt, weiterleitet
und zurücksendet. Das dabei entstehende Gefühl ist unser reagierendes Selbst.
Die Gefühle entstehen vor allem in der
Seele, jedoch auch im Zusammenhang
mit der Ganzheit, die wir sind. Empfindungen leiten weiter, nehmen wahr etc.
und tragen dazu bei, daß sich die Seele
regt. Sie ist Hauptinitiantin, um das
ganze Gefühlsleben zu steuern. Da jedoch Impulse aller Auraschichten durch die Seele verarbeitet werden, kann man sagen,
daß schließlich das ganze inkarnierte Selbst daran beteiligt ist,
welche Gefühle wir haben.
Nehmen wir ein praktisches Beispiel: Ein Organ besitzt ein
Schmerzempfinden. Was tut weh? Es ist die Organstruktur, die in
ihrer Funktion gestört ist. Der Empfindungsapparat nimmt das
Abzwacken von Energie wahr, leitet diese Wahrnehmung an die
Seele weiter, und da die Psyche ausführendes Organ der Seele ist,
gibt sie zum Beispiel den Befehl: „Aufhören". Da die Seele vorerst

nur am „Aufhören" interessiert ist, kann die Schwierigkeit nicht ins Reine gebracht werden. Das schmerzende Körperorgan wird dem Befehl des Aufhörens kaum Folge leisten, denn der Strom des Organs (Leber, Niere, etc.) wird dadurch nicht besser fließen oder entstaut. Es rebelliert nach wie vor. Ein Kreisen nach oben, unten, links oder rechts beginnt, der Teufelskreis ist geschlossen. Erst durch das Nachgeben der Seele und durch ihre Hilfe beim Abbau eines negativen Gefühls wird die Empfindung positiver sein und Belohnung bringen. Die Schmerzen können abgebaut werden, die Motoren besser kreisen, die Ströme fließen.

Emotionen spielen auch eine Rolle, sie werden durch die Seele programmiert und durch die Psyche ausgelöst oder verändert. Das negative emotionelle Handeln wird zur Qual, wenn die Psyche nicht ein positives, neues und besseres Wissen übermittelt.

Psychische und physische Reaktionen sind an unseren Seelenhaushalt gekoppelt, der durch die Reflexe des Zentralnervensystems funktioniert.

Das bedeutet, daß alles, was uns der Körper zu sagen hat, nur ein Reflex ist, der über unser Zentralnervensystem und unsere feinstofflichen Empfindungsorgane aufgefangen und an die Seele weitergeleitet wird, um schließlich wieder zum Körper zurückzugelangen.

Wir haben ein System mit x-tausend Fäden, die Härchen besitzen und die, einmal erwacht und entfaltet, Fangarmen gleich alles betasten und wahrnehmen. Diese Sensoren sind Trichter, die durch ihren Saugreflex alles an sich ziehen und an den entsprechenden Bestimmungsort weiterleiten. Da jeder Trichter kleine Nebentrichterchen hat, wird ein großes Potential an Wahrnehmungsmöglichkeiten wach, wenn wir diese nutzen. Der Mensch muß sich seine Wahrnehmung erarbeiten, meist schläft sie noch. Die Trichterchen haben sich ins Innere des jeweiligen Chakras zurückgezogen, balancieren dort hin und her und empfinden dadurch wenig. Meistens werden die Empfindungen falsch wahrgenommen, weil die Seele sich nicht richtig speist.

Wir identifizieren uns oft mit unserer schlechten Haltung und der äußeren Wahrheit. Bei den meisten Menschen ist dieses System

noch nicht ausgereift. Sie mengen ihre falsch verstandene, sogenannte innere Wahrheit bei und empfinden dadurch ein Misch-
masch von außen und innen. So können wir unsere Herzaktivität
meist nur mühselig aufrechterhalten. Wir glauben, alles Schmerzliche sei ungerecht, da wir doch nur das Gute wollten, die Außenwelt aber alles verderbe. Mit diesen Gedanken verfälschen wir die
Tatsachen und täuschen uns selbst, denn wir sind es, die den Lärm
verursachen. Getrauen wir uns doch, positiv zu werden, um die
Empfindung zu erfahren, eine wundervolle Melodie zu sein.

Unsere Lernschritte eröffnen uns ein neues Verhaltensmuster, das
Wahrnehmung und Wahrheit beinhaltet. Wir können so endlich
unsere wahre Natur wertschätzen und ehren lernen. Wir werden
lernen, Achtung vor unserem Tempel, dem Körper, zu haben und
ihn zu lieben.

Die Abbildungen 25 / 26 / 27 (S. 88) zeigen diese Sensoren sowohl
im entwickelten wie auch im noch nicht entwickelten Zustand.
Entfaltete Sensoren begutachten in großen Bewegungen alles
außerhalb und innerhalb des Körpers. Das befähigt uns auch, den
Hellseheffekt zu fördern. Das dritte Auge oder Stirnchakra wird
mit diesen Sensoren versorgt, was dazu führt, daß wir Dinge deutlich sehen, die für den normalen Bürger nicht sichtbar sind. Diese
Klarsicht, gepaart mit dem feinstofflichen Hören, ergibt einen un-
begrenzten Reichtum an Möglichkeiten, Dinge wahrzunehmen,
sich diese erklären zu lassen und mit ihnen zu arbeiten, oder ganz
einfach zu „sein". So wurde der Text dieses Buches gehört, gesehen
und gefühlt. Die Sensoren gedeihen zu riesigen Tellern und später
zu gewaltigen Riesengebilden, die orkanartig alles einsaugen
und weiterleiten. Ein solches Organ ist in Abbildung 28 (Farbt.
VIII) dargestellt.

Die vom mittleren Teil ausgehenden feinen Härchen sind wiederum
sogenannte Fühlorgane, welche wie Flaum anzusehen sind. Sie
schweben umher und tasten in Wirbeln rund um die Frequenzen,
die aufgefangen und durch den Trichter weitergeleitet werden. Die
dieses Organ einschließende Haut wird von Frequenzfäden gebildet, in denen wiederum einfache Chakras eingelagert sind. Der
Mittelteil bildet eine Art Behälter, in dem sich kleinere Chakras

Sensoren

eingezogene Sensoren   ausgestülpte Sensoren

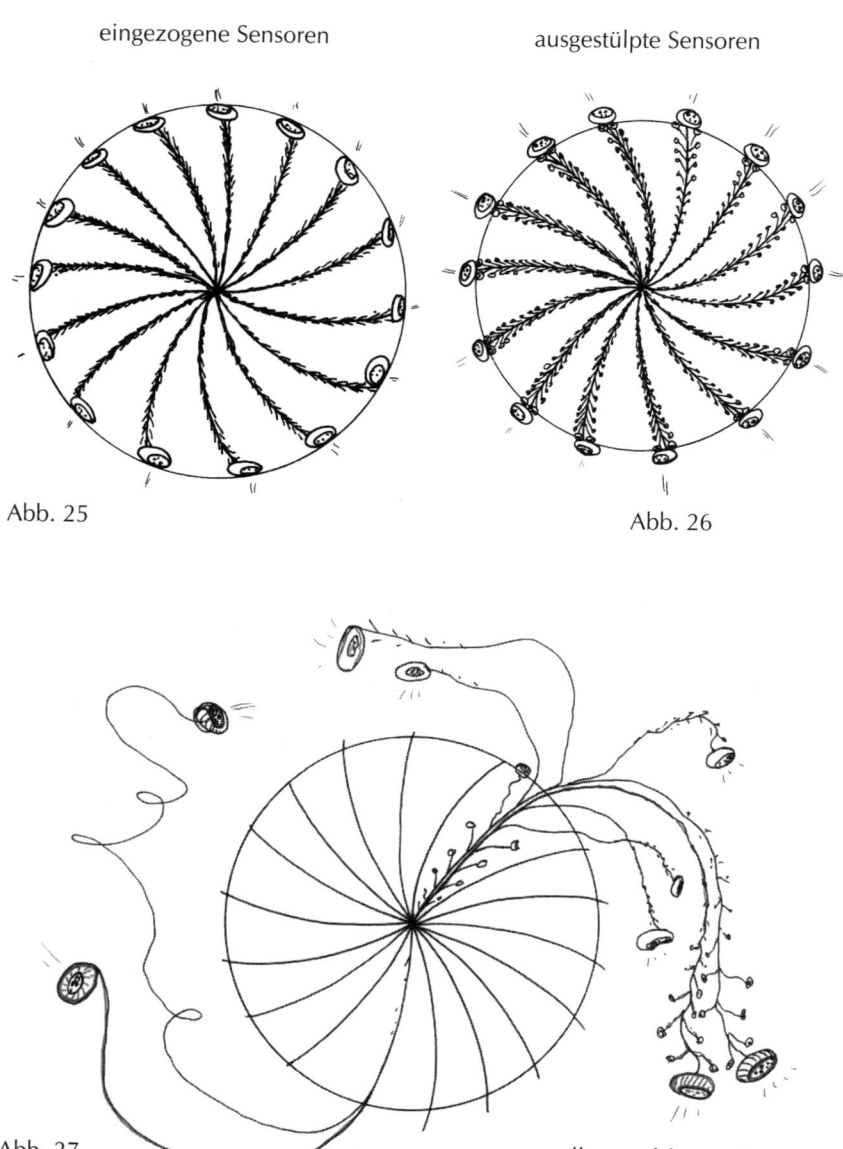

Abb. 25   Abb. 26

Abb. 27   voll ausgefahrene Sensoren

befinden, die ihrerseits die Möglichkeit zur Entfaltung haben. Auch sie tragen in sich das System der großen Chakras und haben ebenfalls Sensörchen zur Verfügung. Diese werden ausgestülpt, sobald der eigentliche Sensor ein großes Stück gewachsen ist. Damit wiederholt sich das System im System bis ins Unendliche. Die Kügelchen stülpen sich wie alle blühenden Chakras aus und entfalten ihren Duft. Sie sind an Frequenzfädchen festgebunden, welche mit der Zeit das Schweben wie in Abbildung 29 (Farbt. VIII) verursachen.

Innerhalb der Stiele oder Fädchen gedeihen auch viele kleinste Kügelchen oder Chakras, so daß bei unserem Entfalten ein wahres blühendes Wunder entsteht. Wir freuen uns, daß wir „sind" und über ein Instrumentarium verfügen, das uns erlaubt, unsere eigene Gottheit zu spüren. Ein vertrauensvoller Gott werden wir, wenn wir uns lieben und annehmen. Die Fenster in die Unsterblichkeit sind wir selbst. Öffnen wir diese, bekommen wir einen Weitblick, um mit uns in uns zu sein.

Planeten, Pflanzen, Tiere und Menschen sind nach dem gleichen Muster aufgebaut. Sie alle haben solche Sensoren und leben mit all ihrer Göttlichkeit. Die Planeten werden so gespeist und haben untereinander ein mit Sensoren angefülltes System, um Einflüsse anderer kosmischer Regionen wahrzunehmen. Dadurch ergibt sich eine Schutzvorrichtung für unsere Erde. Würde sie nicht durch diese Sensoren gehalten, hätte sie sich vielleicht schon lange aufgelöst. Nur der gute Wille der Planeten und die Zusammenarbeit mit ihren Sensoren haben geholfen, daß die Menschheit immer noch diese Erde bewohnen darf. Wir dürfen sie benutzen, von müssen kann gar keine Rede sein. Jeder wählt sich seinen Platz selbst, auch den auf Erden.

Die Aufreihung der Chakras

Als kleines Chakrasystem sind wir Menschen eingebettet in die große, allumfassende Chakraordnung. Dort, wo die Hauptspiralen beginnen oder enden, ist unsere Ich-Struktur befestigt. Diese Formationen lassen sich mit einem Fühlband vergleichen, denn die Fühler dieses Bandes befinden sich am Anfang oder am Ende desselben und geben Halt. Die Tatkraft, als überfließendes Prinzip unseres Seins, beginnt mit dem Fühlen unseres Ichs. Bei der Geburt wird Spirale um Spirale befestigt und aufgereiht. Sie bewegen sich pausenlos auf und ab, hin und her, so daß wir Bewegung und Atem gleichzeitig werden. Der Atem Gottes ist in diesem System befestigt, das Od oder Prana. Dieses Weben ist ein göttliches System von Fäden und Spiralen, die von außen und innen gespeist werden. Wir können Prana auch erklären mit noch feinerer Energie als Elektrizität. Unser Energiefeld ist Prana und schwingt in und durch die Chakras sowie durch alles, was ist. Dieses Fluidum ist unser Sein, wir können uns daran laben.

Als Orientierungshilfe ist in uns selbst das Urprinzip der vier Himmelsrichtungen enthalten. Das wichtigste Zentrum ist jedoch die Mitte, welche das Licht nach allen Seiten verteilt, oder die Liebe, welche im Herzchakra produziert wird. Ohne die anderen Eigenschaften im Sein geht es natürlich nicht, denn alles hängt zusammen, ist ineinandergeschachtelt, und jedes Kraftfeld gibt dem anderen die Hand. Die Aura mit den verschiedenen Schichten ist ein Betrieb, der nur durch uns funktionstüchtig erhalten werden kann. Wir können mit unseren Händen die Aura abtasten, fühlen, wahrnehmen. Dabei entstehen zugleich auch Heilkräfte, die uns oder dem Mitmenschen helfen, zu ordnen und zu heilen. Wir benützen immer die Frequenz der Kugel, Spirale, Eiform etc., um Licht fließen zu lassen.

Abbildung 30 (S. 91) zeigt eine Spiralnudel oder ein Chakraband, das erblüht ist durch geistige Reife. Im Inneren des menschlichen Körpers befinden sich viele Spiral- oder Chakrabänder. Einer der Hauptenergieträger ist das Spiralband, das sich am Kopfchakra befindet. Es führt bis unter die Füße, wo es sich in ein paar Windungen einordnet, um erneut aufzusteigen und am Kopf einen

Blühendes Spiralband

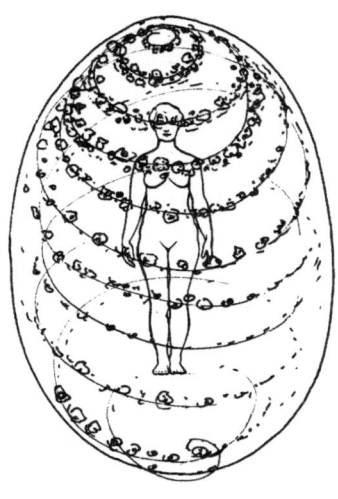

Abb. 30

Spiralbogen zu bilden, ehe es sich wieder abwärts bewegt. Dieser Kreislauf ist fest in unser System integriert und hilft unseren Bewußtwerdungsweg zu bestimmen. An diesem Kreislauf befinden sich Nebenkreisläufe. Somit wären wir also um unser eigenes System gewickelt oder aufgebaut. Das vorher erwähnte Hauptsystem bildet die Hauptachse, welche jedoch auch aus quer, längs, eventuell sogar diagonal verlaufenden Fäden besteht.

Die Hauptachse hat verschiedene Nebenachsen, welche voll entwickelt einen Strom bilden. Daran befestigt sind die Haupt- sowie Nebenchakras, die ihrerseits Kreisläufe bilden. Sie alle fügen sich in das Hauptachsensystem ein, welches sich wiederum, einer Spirale gleich, windet, kehrt und wendet; denn die Kundalinikraft ist eine Spiralwirbelkraft, welche im kleinsten Detail spiralig rotiert, jedoch auch im Großen entwickelte, riesengroße Spiralen bildet. Diese gleichen einer Schlange, denn auch ein Wirbel hat an seiner äußeren Schicht ein Hautsystem, das voll gereift wie Schlangenhaut aussieht. Deshalb wohl haben die Hohepriester in Ägypten die Schlange als Symbol verehrt.

Die Schlangenkraft ist heute noch bekannt, es wurde darüber viel geschrieben. Sie ist eine Einheit mit uns, denn sie wird durch die Spiralwirbel gebildet, die jeder Mensch besitzt. Diese Kraft ist göttlich. Ohne sie würden wir nicht existieren, denn in ihr befindet sich alles Sein. Das göttliche Wesen ist also eine Einheit von Kundaliniströmen, die sich im Yin/Yang-Prinzip ergänzen. Bei der Inkarnation wählen Mann und Frau jeweils die entgegengesetzte Reihenfolge beim Einordnen ihrer Frequenzen. Die sind bei beiden paarweise angeordnet. Der Mann ordnet sie um die linke Schulter nach hinten, die Frau jedoch vor allem rechtsherum. So entsteht ein Spiralnebelgesetz, das immer seine Gültigkeit behält. Innerhalb dieses Gesetzes gibt es kleine Änderungen, die jedoch die großen Strukturen nicht stören, denn es muß nicht immer alles aufs Haar gleich sein. Das hat mit der Aufreihung der Fäden zu tun, die unserer individuellen Art entsprechend etwas verschieden plaziert werden. Im großen Ganzen funktioniert das Gesetz aber immer gleich.

Mann und Frau sind ein Gegensatzpaar, vergleichbar mit Wirbeln, die entgegengesetzt drehen. Dort, wo die Zusammenschlüsse der beiden Systeme sind, entstehen Yin-Punkte oder Yang-Bündel. Die Yin-Punkte sind Pole, an denen die Yang-Bündel eintreten und die Energie umgepolt wird. Bei der Frau ist dies umgekehrt wie beim Mann. Bei der Umarmung beider Partner werden die Yang-Bündel des Mannes ausgestoßen und treten bei der Frau ein, das heißt, mittels der Auras gehen die kleinen Energiepunkte wie Trichter auf, um die männlichen Energiebündel hineinzunehmen. Dieser Energieaustausch gleicht einer Atmung. Sind wir offen für diesen Vorgang, können wir uns programmieren und männliche sowie weibliche Energie aus dem Universum einatmen, um uns zu speisen. Die Manneskraft belebt unser System, macht aktiv und tatkräftig. Die weibliche Kraft ruht in sich selbst und erarbeitet im Atem und Ausbreiten der inneren Energie eine neue Situation. Dieses Geschehen ist immer gottgewollt, einem Urgesetz unterworfen, dem sich niemand entziehen kann.

In Abbildung 31 (S. 93/94) sind verschiedene Kreisläufe, verschiedene mögliche Systeme dargestellt. Es handelt sich dabei nicht ausschließlich um Hauptkreisläufe, es geht eher darum, die Vielfalt von Kreisläufen anzudeuten.

Abbildung 32 (S. 95) zeigt einen Kreislauf, der alle Kreisläufe einschließt. Er füllt die ganze Aura aus, indem er alle Systeme an sich bindet. Mit vielen Fäden ist er an anderen Systemen befestigt, die er speist. Der Kreislauf verläuft durch unsere Mitte als Achse, und außenherum berührt er die äußerste Auraschicht. Das Hauptsystem bringt alles zum Schwingen, wenn wir auf diesen feinen Saiten spielen lernen. Die paarweise Speisung mit Yin/Yang-Energie wird durch die Frequenzen des Höheren Selbst bewerk-

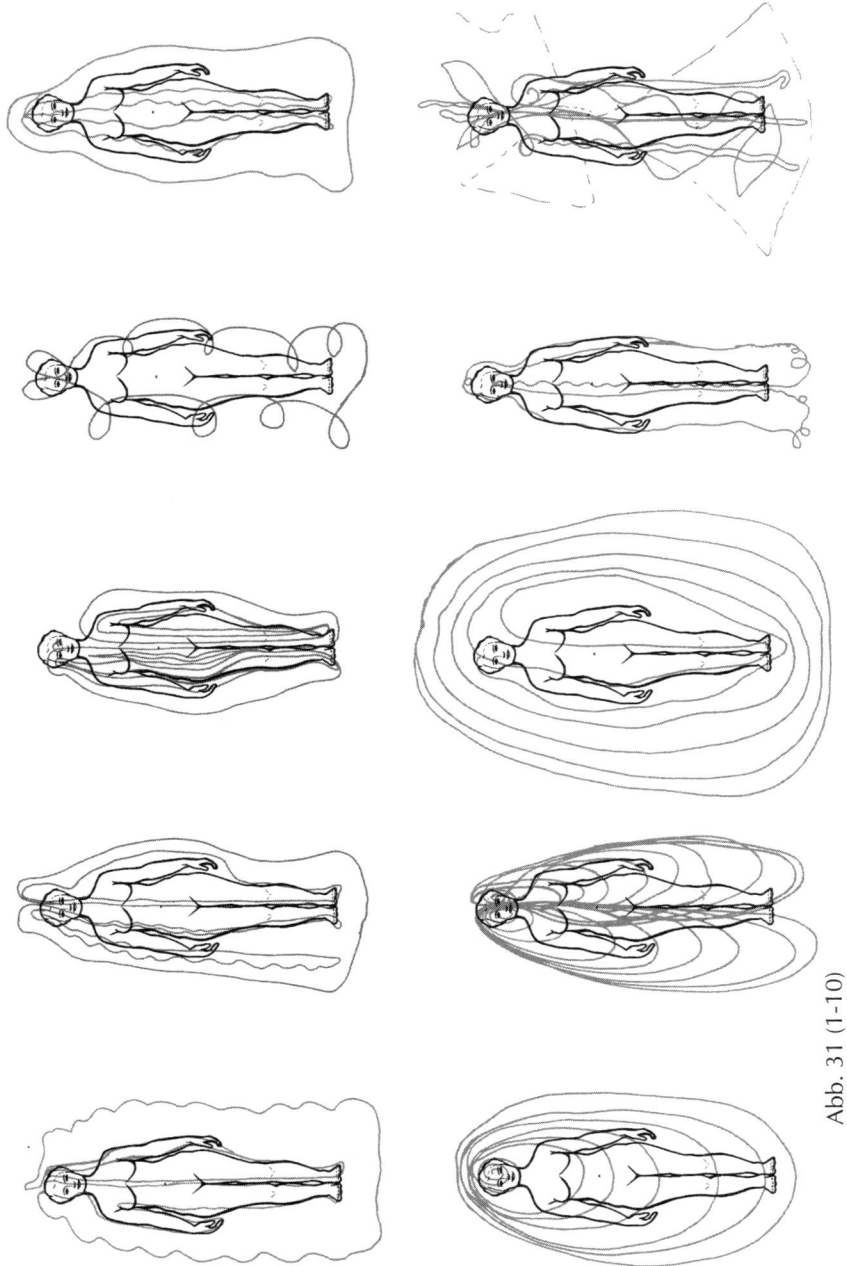

Abb. 31 (1-10)

93

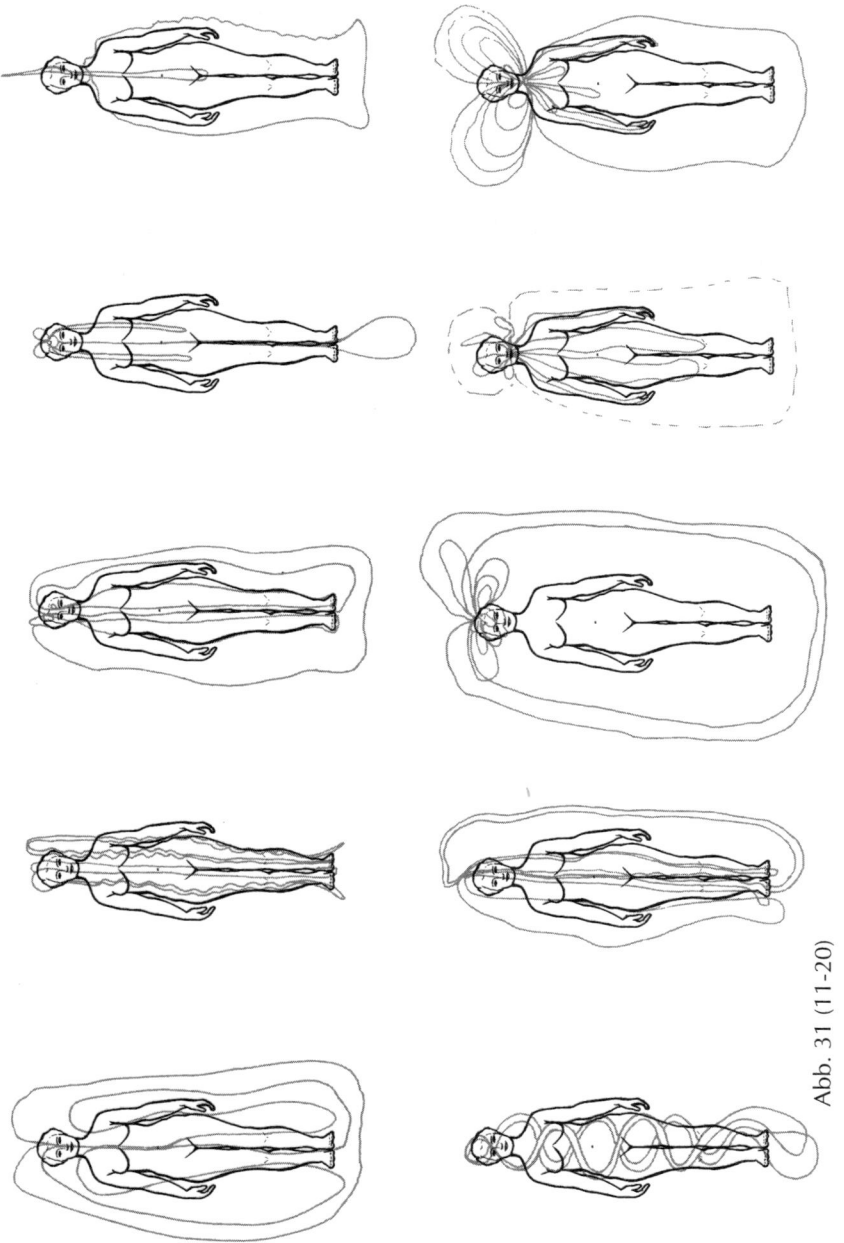

Abb. 31 (11-20)

94

Hauptkreislauf

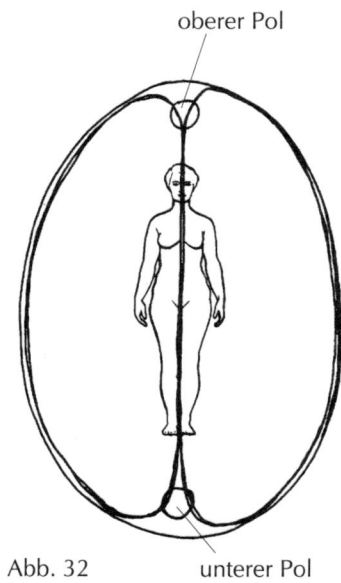

oberer Pol

Abb. 32   unterer Pol

stelligt, da es die gleiche Ordnung aufweist. Dort, wo die Yin/Yang-Frequenzen zusammenlaufen, ist ein Sammelknoten, der sich unter den Füßen im Boden verankert. Er funktioniert als Pol, in dessen Mittelpunkt die Ströme einmünden, sich verzweigen und nach außen hochfließen. Der Gegenpol ist über dem Kopf, am anderen Ende der Auraachse zu finden. Diese beiden Pole halten uns im Gleichgewicht. Auch andere Systeme münden in diese Hauptachse oder Pole und bilden unsere Mitte und unseren Halt und tragen zum polarisierten Gleichgewicht bei. Dadurch entsteht das Gefühl, daß wir oben und unten als Richtungsmesser für unser Sein bestimmen können. Wenn wir die Füße in die Luft strecken, haben wir immer noch das Gefühl, daß sie unten sind, auch wenn wir sie noch so weit nach oben strecken. Unser Gefühl für die Polrichtungen ist mit der Erde identisch. Wenn wir im Wasser schwimmen, sind wir schwerelos, genauso wie es die Astronauten im All erleben. Aber wir sind uns unserer Polarisierung trotzdem bewußt, und wir können spüren, daß unsere Füße nach unten gehören. Es käme uns nie und nimmer in den Sinn, die Pole wechseln zu wollen.

Versuchen wir zu rekapitulieren und das Gesagte auf unser inneres Gleichgewicht zu übertragen. Auch im Gefühlsbereich finden wir die gleiche Polarisation vor, denn unser größter Kreislauf ist Richtungsweiser für unsere Mitte. Die Hauptachse besitzt eine weitere Unterteilung: Die Mitte in der Horizontalen, die durch das Herzchakra geht. Somit wird ein Kreuz gebildet, das mit seinen regelmäßig nach unten und oben ausströmenden Frequenzen die vollkommene Ausgewogenheit ermöglicht. Die Hauptspirale der

Der geschlossene Kreislauf

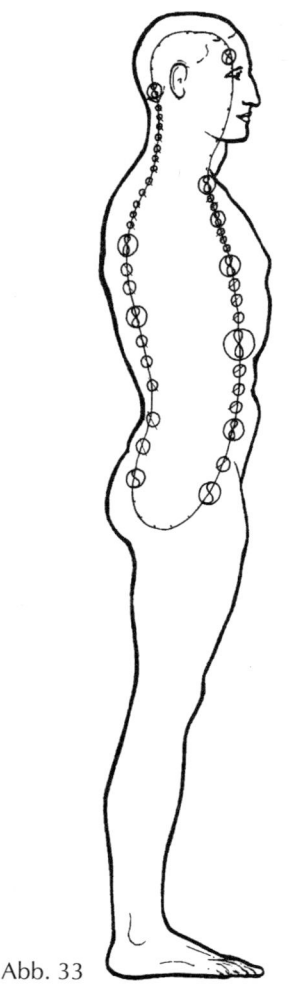

Abb. 33

Liebe entspringt also dem Herzchakra!

Die kleinen Kreisläufe münden in die großen. Jedes Chakra hat seinen eigenen Kreislauf, jedes kann so oder anders benutzt werden. Und jeder Scheitelpunkt ist Schaltstelle für feinere, zartere Kreisläufe, über die wir ebenfalls verfügen können. Geöffnete Schaltstellen bringen uns Freude. Und die Freude wiederum hält die Chakras funktionstüchtig.

Abbildung 33 zeigt ein geschlossenes Kreislaufsystem mit einem speziellen Frequenzhaushalt!

Durch den Wirbelkanal fließt ein eigenes System mit Kreisläufen, von denen einer nach oben drängt, bei der Schulterpartie herausmündet und sich auf der Hautoberfläche den ganzen Körpers entlang bewegt, bis er sich im unteren Wirbelkanal wieder schließt. Ein anderer Kreislauf wandert spiegelgleich bis zu den Füßen. Es gibt, wie gesagt, rund um die Wirbelsäule so viele Kreisläufe, daß sie ein ganzes Buch füllen würden.

Kapitel 7

Die Aura

Da wir nun in den vorhergehenden Kapiteln einiges (längst nicht alles!) über Funktion, Örtlichkeiten und Eigenschaften der verschiedenen Chakras und Chakrareihen erfahren haben, können wir uns nun der Frage zuwenden: Was umhüllt oder schützt uns und unsere Chakras?

Mit Aura bezeichnen wir die Frequenz, die sich in vielen verschiedenen Schichten (für die einen Menschen sichtbar, für die anderen unsichtbar) durch uns und unseren Körper zieht, ihn umhüllt und schützt. Die einfache Einteilung unterscheidet vier Schichten, deren Energieformationen verschieden dicht sind. Es handelt sich dabei um: Körperaura, Seelenaura, Geistaura und Kausalaura. Die eine Schicht wird von der anderen abgelöst, und umgekehrt ergänzen sie sich in ihrer ganzen Struktur. Während die Chakras einerseits in dieser Frequenz eingebettet liegen, sind sie es selbst, die diese Frequenzen auch hervorrufen. Der zentrale Punkt dieses Systems ist unser Herzzentrum, das Zentrum unseres Seins oder unserer Existenz.

All diese Aura-Schichten sind verbunden mit dem Höheren Selbst, das teilweise integriert ist in diese irdische Sphäre. Jede Schicht mit ihren Chakras wird durch die Frequenz des Höheren Selbst betrieben. Die Auras stellen die Vermählung von Seele, Körper und Geist dar, also die Vermählung von Himmel und Erde.

Wir wenden uns nun den einfachsten Unterteilungen der Aura zu. Abbildung 34 (S. 98) zeigt die vier Hauptschichten, die von Körper, Seele, Geist und Kausalkörper regiert werden. Wir alle können die Aura erkennen, wenn wir uns geistig entfalten und die Wahrnehmungsfähigkeit fördern.

Der geistigen Aura kann man die Eigenschaft von Violett zuordnen, weil diese Schicht ausschließlich durch unseren Geist regiert wird und violett dem geistigen Prinzip oder der erneuernden Kraft entspricht.

Die Aura

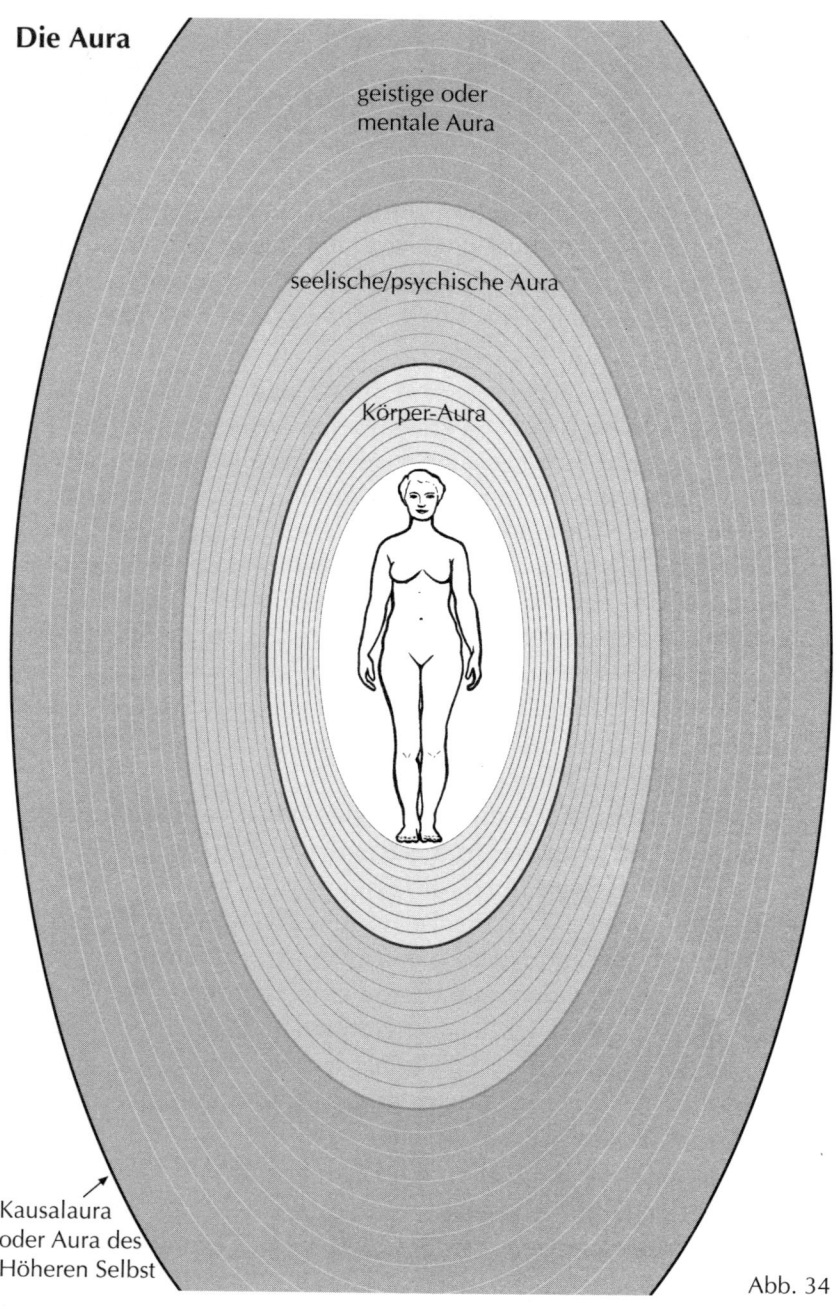

geistige oder
mentale Aura

seelische/psychische Aura

Körper-Aura

Kausalaura
oder Aura des
Höheren Selbst

Abb. 34

Seele und Geist sind zwei verschiedene Kräfte in uns, die sich miteinander verbinden. Psyche und Seele ergeben zusammen auch wieder eine Einheit, wobei die Seele die ruhende und die Psyche die aktive, sich nach außen bewegende Energie ist. Seele/Psyche einerseits und Körper andererseits bilden wieder eine Art Zweigeteiltheit, die in die Einheit führt. Da der Körper von der irdischen Sphäre abhängig ist, sind auch der Geist und die Psyche/Seele ans Irdische gekoppelt.

Die Einheit Seele/Psyche bildet einen Aura-Körper. Die Psyche als Partner der Seele transportiert das, was in der Seele vorgeht, nach außen und zeigt durch unser Verhalten den Seelenzustand an. Diese zwei Gegenpole ergänzen sich und ruhen in sich, um eins zu sein.

In unserer eiförmigen Aura ist die Polarität Geistkörper und Seele/Psyche-Körper sichtbar. Während die Seele ruht, ist der Geist aktiv und umgekehrt. Die Seele berührt durch ihre Position aber auch den irdischen Körper. Der Geistkörper hat seine Hauptfrequenzen rund um den Seelenkörper. Frequenzfäden verbinden das eine mit dem anderen System und speisen es. Das heißt, daß die Frequenzen aller Körper ineinander verwoben sind. Ganz außen ergibt sich die Auraschicht des nie vergänglichen Körpers und diese ist kausal, das heißt ursächlich.

Die Kausalaura ist unser Urprinzip und wird nie vergehen. Die verschiedenen Auraschichten werden durch dieses Urprinzip gebildet und zusammengehalten. Sowohl die äußerste Verbindungsschicht als auch die inneren Verbindungsglieder stellen die Kausalaura dar, die unserem Höheren Selbst entsprungen ist. Sie ist zu 20% inkarnierter Teil dieses Höheren Selbst. Der Begriff „kausal" verweist auf „Ursprung", und darin wird deutlich, daß alle anderen Auraschichten oder Aurakörper aus diesem Ursprung hervorkommen. Sie werden jedoch jedesmal neu gebildet, wenn ein Mensch sich zur Inkarnation bereitmacht. Er nimmt sich diese ursprünglichen Teile und sammelt ein, was er braucht, um einen Charakter zu bilden oder die Seele zu bestimmen. Beim Tod werden Körper/Seele/ Geist abgeworfen, um an anderen Örtlichkeiten, in anderer Form und neuen Konstellationen Fruchtbares zu schaffen.

Die Kausalaura ist mit kleinen Energiefädchen durchsetzt. Sie sind Träger von Kügelchen, kleinen Chakras, die Informationsquellen darstellen, uns speisen und uns helfen, unsere Prozesse der Bewußtwerdung durchzumachen. Die Koordination all dieser Teile ist gesteuert durch unser Selbst und das Höhere Selbst. Das Selbst kann durcheinandergeraten, dann verklumpen sich die Fäden mit den Kügelchen. Diese Auras sehen oft verbeult aus. Es gilt nun, die gestörte Zuleitung der wichtige Energien transportierenden Fäden wieder zu entwirren. Die Fäden und Ströme können sich so sehr verknoten, daß sie den Menschen wie eine Mauer umschließen und gefangenhalten. Wüßte der Mensch, weshalb er diese Enge um sich fühlt, würde er sich nicht so vehement dagegen sträuben, die Knoten zu lösen. Das kann am besten mit Liebe geschehen, aber es kostet Mühe und Schweiß. Und es kostet Zeit. Wir haben viel Zeit. In der Schöpfung ist Zeit kein Begriff der Beschränkung!

Die Geistaura wird auch als mentale Aura bezeichnet. Diese Auraschicht wurde schon erwähnt. Sie ist der Kausalaura am nächsten. Die geistige Aura schwingt höher als die dem Körper näherstehenden Auras. Sie stellt die Verbindung zwischen der äußersten Kausalschicht und der Psyche/Seele dar. Wir wollen die psychische oder seelische Aura der Eigenschaft Blau zuordnen, da diese Schicht mit dem ruhenden Prinzip zu tun hat. Wir wählen Hellblau, weil die Ruhe, wenn sie eingehalten wird, in einem hellen Glanz erscheint und seelischen Reichtum verkörpert. Das heißt aber auch, daß hier die Ruhe erprobt werden muß, was in dieser Hinsicht wiederum dem weiblichen Aspekt entspricht.

In der Körperaura dominiert das Yang-Prinzip. Deshalb bezeichnen wir diese Aura als rot. Diese Aurafarben sowie das Violett der Geistsphäre sind göttliche Eigenschaften. Die hellen Farben in der Aura bezeichnen wir als kausal. Es ist die Lichtschwingung, die alles andere durch- und beleuchtet. Mit der Zeit und mit unserer positiven, inneren Entwicklung werden die drei Auraschichten Körper, Geist und Seele ineinanderfließen, da sie vollständig von der Kausalität durchleuchtet sind. Das zeigt hohen Geist oder Christusbewußtsein an.

Abbildung 35 (Farbt. IX) stellt die erleuchtete Aura dar. Wir leuchten alle, nur haben wir den Schritt nicht gewagt, das Licht, das wir selber sind, hervorzuzaubern. Es ist eine Frage der Zeit, bis wir unser Leuchtsystem endlich wieder zurückgewinnen. Strukturen werden sichtbar, die wir längst verloren glaubten. Das ist wie in einem dunklen Keller. Leuchten wir hinein in diesen Keller, erleben wir ein Wunder, vielleicht vergleichbar mit der Entdeckung einer Tropfsteinhöhle, deren vielfältige Felsformationen erst durch das hineingetragene Licht erkennbar werden. Wir funkeln neu, sind wie Gold, Silber oder Edelsteine und blühen ohne Ende. Je mehr wir so in uns hineinsehen, desto klarer wird die Sicht, die wir uns damit erarbeiten.

Die Eiform der Aura ist wiederum in verschiedene Unterschichten (im Vierer-, Siebener-, Zwölfer- usw. Rhythmus) eingeteilt. Die Unterteilungen weisen Spiralmuster auf, welche als Gesetz in den anderen Aurakörpern auch vorhanden sind. Die feinsten Unterteilungen sind unendlich.

Die folgenden Abbildungen 36 / 37 / 38 zeigen die Auras von Menschen, deren Erleuchtung schon weit fortgeschritten ist.

Abb. 36

Abbildung 36 stellt eine leuchtende Aura dar, welche speziell die geraden Strukturen hervorbringt, die auch bei der Kristallbildung entstehen. Diese Struktur kann nur entstehen, wenn Geist, Körper und Seele miteinander eine Einheit bilden. Jede Materialisation und Entmaterialisation bedarf zum Beispiel dieser Energiemuster. Die Kristallisation wird gebraucht, um die Aura zu stützen. Gallertartige Stoffe kleben die feinstofflichen Aurakörper und die grobstoffliche Materie zusammen, damit sie nicht auseinanderfallen. Bei der Entmaterialisierung eines Körpers helfen gerade diese kristallinen Strukturen, die gallertartigen Stoffe oder den Kitt zu entfernen, so daß die Materie aufgelöst werden kann. Soll diese Materie verdichtet oder zusammengefügt werden, hilft immer die Kristallkraft in der Aura, dies zu tun. Es werden auch andere Kräfte, wie z. B. die Metallkräfte, mobilisiert, um ein Materialisieren und Entmaterialisieren zu bewerkstelligen.

Mit derselben Kraft und auf die gleiche Weise können wir Kranke heilen oder Materie herbeizaubern. Der Mensch vermag wunderbare Formen zu erschaffen, wenn er bewußt diesen Vorgang zu nutzen weiß. Manch einer denkt beim Lesen dieser Zeilen, dies sei ein Märchen. Nein, es ist möglich. Bis heute haben jedoch nur ganz wenige Menschen diese Möglichkeiten erkannt und gelebt. Die Wunderheiler in Ost und West haben oft ihre Kräfte mit der Mutter Erde verbinden können. So entstanden die Operationen mit Hilfe des Geistes.

Materie ist ja auch Geist, d.h. ein Mensch, der Dematerialisationen bewirkt, weiß den Geist, der er ist, zu beanspruchen. Hohe Meister in vollem Besitz ihrer Christuskraft vermögen „den Himmel zu öffnen" und wieder zu schließen. Sie können sich die Kräfte von Mutter Erde zunutze machen und mit der geistigen Sphäre selbstverständlich umgehen. Geistig sind wir zwar alle, doch kommt hohe Kraft nur „zu uns", wenn wir sie entsprechend fördern.

Wir müssen Stufe um Stufe erarbeiten. Um weiterzukommen und um Neues zu schaffen, müssen wir uns zuerst vom Alten lösen! Erst wenn wir die Zusammenhänge erkannt, das Prinzip durchschaut haben, können wir sie loslassen. Damit schließen wir einen Lernprozeß ab und leiten Neues ein. Solche Akte nennen wir Initiationen. Bei einem Meister können unendlich viele solcher Initiationen stattfinden. Ein anderer Ausdruck für Initiation ist Einweihung.

Eine Einweihung ist immer eine Einsicht ins eigene Licht.

Die meisten Menschen haben sich nicht an ein geistiges Leben gewagt und erhalten dementsprechend keine Einsicht in sich selbst. Einem Meister hingegen gelingt es sogar, sich auf dem Weg dieser

Abb. 37

Abb. 38

Einweihungen zu dematerialisieren oder später gar sein Höheres Selbst zu sein, um damit alles, was irdisch und geistig möglich ist, zu erreichen.

Abb. 37 zeigt eine Frequenz, die aufblüht, wenn wir die Chakras optimal benutzen lernen. Die Chakras sind hier so reif entfaltet, daß sie ihre Fühler und Blätter bis an den Rand der Aura strecken und diesen Menschen überdecken, einhüllen und schützen.

Jedes dieser Blätter wirkt wie ein Strahl, der die Frequenz des Blühens im Umfeld von Kilometern anregt. So können diese Strukturen ein blühendes Feld bewirken, dem die darin befindlichen Menschen kaum widerstehen können, so daß sie langsam aber sicher das eigene Licht hervorholen, um denselben Weg zu gehen.

Die Aura auf Abb. 38 ist ebenfalls blühend und hat sich entfaltet im Licht der Weisheit. Die Strukturen der Materialisation sind Maßstab für ein spezielles Bewußtsein und werden im Feinstofflichen benutzt. Hinzu kommt, daß sich der Mensch hier und jetzt mit der Materie auseinandersetzt und die Kristallbildung benutzt, um die Entfaltung der Aura zu vollziehen. Dies kann zum Beispiel zur Materialisierung von irdischen Edelmetallen oder Steinen führen oder auch zur Auflösung von Körpermaterie dienen.

Licht verwirklichen

Um genügend Kraft für die im vorigen Kapitel erwähnten Entwicklungen zur Verfügung zu haben, bedürfen wir der Lichtenergie. Diese ist in der Aura erkennbar. Eine Energie wie Licht ist „Sein". Diese Form des Lichts ist in verschiedene Arten eingeteilt, aber immer ist sie die Kraft der Liebe. Licht auf der Erde, Licht im Sonnensystem, in der Umlaufbahn der Planeten usw. hat nur eine Aufgabe, nämlich die Liebe zu bringen.
Wäre die Sonne hier, wenn sie nicht wollte? Nein, denn nichts existiert, es sei denn aus freiem Willen! Der Wille zum „Sein" beinhaltet alles Sein. Existiert dieser Wille nicht, wird sich Energie nicht manifestieren können. Denn mit dem Willen wird bestimmt, wie das Licht sprudeln soll. Sollte der Wille etwas anderes wollen, dann kann sich das manifestieren. Das ist eine Tatsache, mit der wir unser Bewußtsein stärken sollten, um die Dinge in uns besser zu verstehen. Der Wille, der aus negativen Ego-Projektionen hervorgeht, wird zwangsläufig scheitern. Ist der Wille stark, wird er die Welt verzaubern.
Derjenige, der Meister ist und Herrscher über sein Ego, versteht es, sich und die Kraft des Guten und Schöpferischen ins Licht zu bringen. Nichts in der Welt ist echt gelebt, geglaubt usw., wenn die Liebe nicht beweist, wieviel positive Kraft in ihrem Licht entsteht. Das heißt, diese Kraft arbeitet Tag und Nacht, bis der Erdball von dem Licht besiedelt wird, das ihm gebührt. Das heißt auch, daß wir unsere Untugenden mit der Erde nicht vermischen dürfen, sondern uns selber wachrütteln und die Liebe als wohltuendes Elixier verwenden sollten. Die Erde mit ihrem Frieden und Licht ist ein Lichtbringer.
Wir Menschen müssen das Sein begreifen und nicht denken und denken. Das Denken allein zermürbt uns und läßt keinerlei Hoffnung in unserem Herz aufkeimen. Denken ohne Liebe ist ein

gefährliches Unterfangen. Es ist ein Etwas, das Fäden spinnt und sich in ein Netz von Gedanken einwebt, aus denen es nicht mehr herausfindet und deshalb Unruhe stiftet statt Tugenden. Die Zeit, die man braucht, um von dieser Angewohnheit loszukommen, hat sicher mit der irdischen Irrfahrt zu tun. Ein Wesen, das nichts weiß und keine Geduld kennt, wird sich in immer tiefere Seelenängste hineinmanövrieren. Das ist ein untugendhaftes Spiel. Doch der Erdball wehrt sich dagegen, denn nicht alles kann er ertragen und auf seinen Buckel nehmen. Er wird etwas tun gegen die Untugend der Bewohner, um die göttliche Ordnung, die Ruhe und den Frieden wiederherzustellen. Es ist der Erde anheimgestellt, ob sie dieses oder jenes noch abwarten will. Doch geschieht es nach ihrem Willen, wenn sie sich dreht und wendet. Wir sollten nur darauf achten, wenn sie etwas tut, denn sie tut es um der rechten Ordnung willen, auf daß wir erkennen lernen, daß es uns betrifft, wenn die Flüsse über ihre Ufer treten oder der Vulkan speit.

Das Erdendasein ist kein Kummertal oder gar eine Katastrophe. Es ist da, um mit dem Licht spielen zu lernen. Der Mensch soll ruhig werden und sich die Entwicklungshilfe geben, die er braucht, um mit dem Licht umzugehen und kreativ zu werden. Eine Lichtgestalt zeigt die Abbildung 35 (Farbt. IX). Dies ist ein Mensch, der gelernt hat, mit dem Licht zu sein. Seine Aura ist wirklich durchflutet von Liebe und strahlt so stark, daß sein ganzes Licht im Gesicht, an den Händen usw. zu sehen ist. Führen wir uns vor Augen, was Licht bedeutet. Versuchen wir zu verstehen und lernen wir zu leben. Die lebendigen Lichtspender sind wir, wir ganz allein. Regeneration ist nötig, um die Lichter zu fühlen. Der heutige Mensch ist auf der Suche nach Wahrheit, also soll er die Wahrheit auch finden. In der Bibel treffen wir immer wieder auf Wegweiser für Wahrheitssuchende, wie z.B. „Wer suchet, der findet", oder „Wer anklopft, dem wird aufgetan". Klopfen wir an und öffnen wir uns die eigene Tür zum Licht und zur Liebe.

Vielfalt der Spiralenergie

Abbildung 39 (S. 107) zeigt die inkarnierte Formation, also die Eiform der Aura mit einem Spiralnebel aus dem Herzchakra, wo dieser befestigt ist. Von dort aus führt die Gegenspirale wieder hinaus an die Oberfläche unseres Systems. Unser bewußtes Erleben geht vom Chakra aus nach außen und durchläuft den ganzen Mantel, der uns einhüllt. Die Formation, die das Eigebilde hervorruft, ist die Spirale, die von außen nach innen führt und sich zum Körper hin verengt.

Die Spiralen sind immer mit Yin- und Yangenergien geladen und die meisten sind doppelläufig. Eine Spiralbahn bewegt ihre Energie von innen nach außen, die parallel verlaufende Bahn von außen nach innen. Die eine Bahn ist mehr Yin-, die andere mehrheitlich Yangbetont.

Das Chakra sammelt diese Energie ein und sendet sie vielfach in verschiedene Richtungen wieder aus. Das ergibt ein Muster, als wären wir mit Tausenden von Sonnen bedeckt. Wir gleichen einer Milchstraße mit aufleuchtenden universellen Chakras. Es blitzt und funkelt wie ein Sternenhimmel. Das Universalgesetz der Wirbel ist bis in unser kleinstes Detail gleich. Die ganz winzigen, schon fast unsichtbaren Chakras drehen und wenden sich in Gegenrichtung, bringen Energien zutage und funken ihr System ins All der größeren Ordnung. Die dadurch frei werdenden Energien kurbeln gleichzeitig die Nachbarsysteme an, so daß ein mit anderen Systemen verkoppelter oder verbundener Kreislauf von Energien ein riesiges Potential enthält.

Klemmen wir ein Detail ab, ist der Faden unterbrochen, und die anderen Systeme leiden darunter. Das ganze Universum ist betroffen, wenn die Erde als Einzelkörper gestört ist. Die Erde versucht, uns zu bewahren, damit unsere Energie verbessert wird. Wir befinden uns in ihrem Schutz, damit wir nicht alles Bestehende zerstören. Die Erde ist eigenständig genug, ihre Kraft dorthin zu geben, wo sie benötigt wird. Sie kann nämlich menschliche Schwächen heilen.

Das ganze Sonnensystem wird ebenfalls durch ein noch größeres Sonnensystem, das wiederum einer Eiform gleicht, gespeist. So wie

wir in unsere Aura eingehüllt sind, sind auch die Planeten
einschließlich Sonne, Mond und andere Himmelskörper in feinstoffliche Spiralnebel oder Auras eingehüllt. Die Ordnung innerhalb dieses Systems wird dadurch gewährleistet, daß jeder
Himmelskörper seinen Platz einnimmt und in einem spezifischen Zusamenhang mit den anderen steht. Das ganze All ist auf
diese Weise in Sonnensysteme oder Spiralen eingeteilt, die eine Art
Dach der Welt bilden.
Die Abbildungen 40, 41, 42, 43 und 44 zeigen uns fünf Varianten
von Spiralnebeln.

Spiralbilder

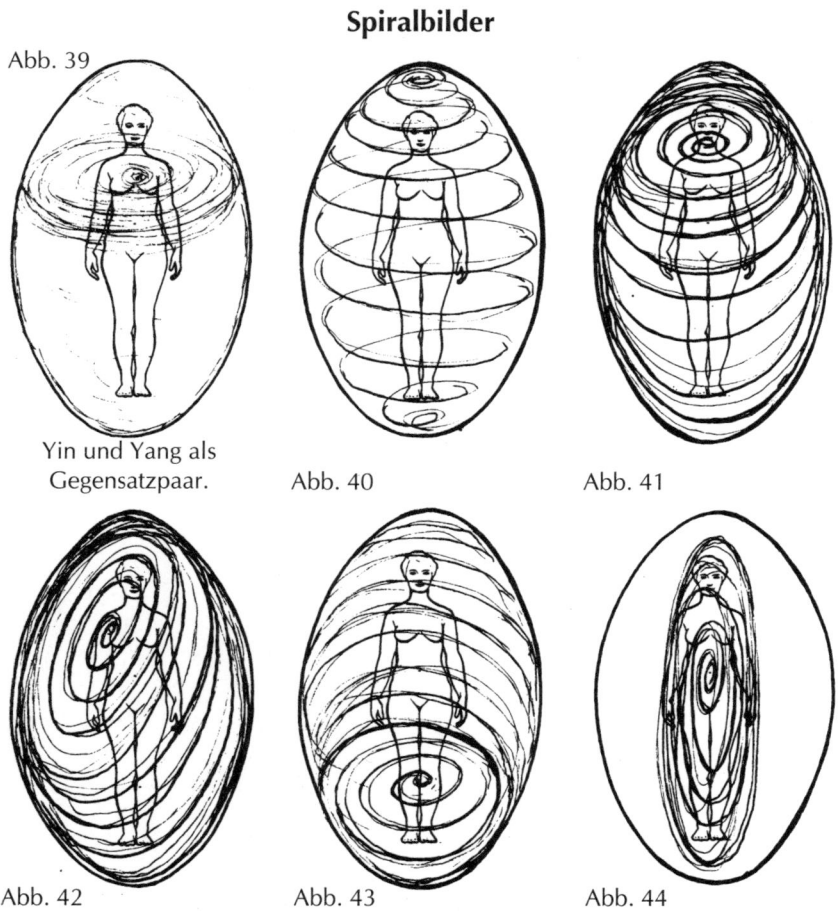

Abb. 39

Yin und Yang als
Gegensatzpaar.　　Abb. 40　　　　　　Abb. 41

Abb. 42　　　　　Abb. 43　　　　　　Abb. 44

Wie die Aura mit Energie gespeist wird

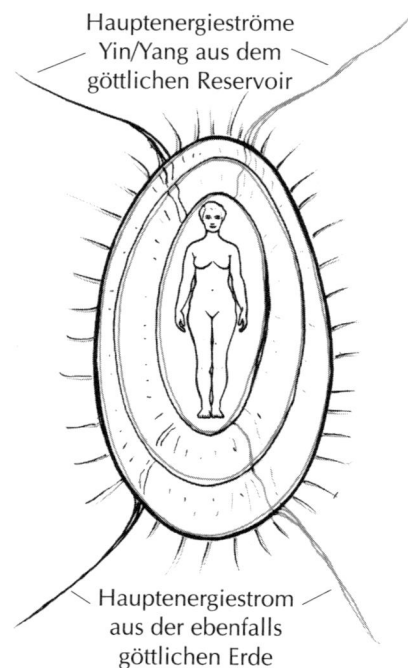

Hauptenergieströme
Yin/Yang aus dem
göttlichen Reservoir

Abb. 45

Hauptenergiestrom
aus der ebenfalls
göttlichen Erde

Verbindung zu jedem Menschen

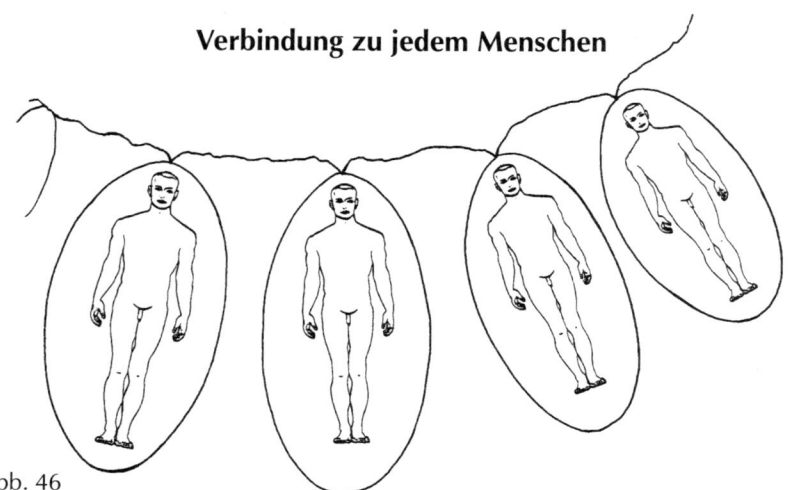

Abb. 46

108

Abbildung 45 (S. 108) zeigt, wie das Aurasystem des Menschen vom Kosmos und auch von Mutter Erde mit je zwei dicken Strömen genährt wird. Kleinere Ströme durchziehen unser gesamtes Energiefeld. Sie werden ebenfalls vom Kosmos herangeführt, so daß wir von links, rechts, oben und unten beatmet, gehalten und gesteuert werden und eingebettet sind. So wunderbar ist Gottes Kraft. Wir sind ein Teil des Alls, und jedes von uns hat diesen Halt und Hort. Dank unserer Frequenzen sind wir verbunden mit allem, was ist.

Wir wollen einmal die in der Aura vorhandenen Spiralen betrachten. Sie tragen ja alle Chakras, aus denen wiederum viele Spiralen fließen. So wird ein Netz aus Quer- und Längsfäden gelegt. Dadurch wird die ganze Ordnung zusammengehalten, und das hilft uns, aufrecht zu stehen. Die Längs- und Querspiralen halten durch ihre Gitterform alle Frequenzen an Ort und Stelle. Ohne dieses System wäre es für die Energiefäden schwierig, in der richtigen Formation geordnet zu bleiben.

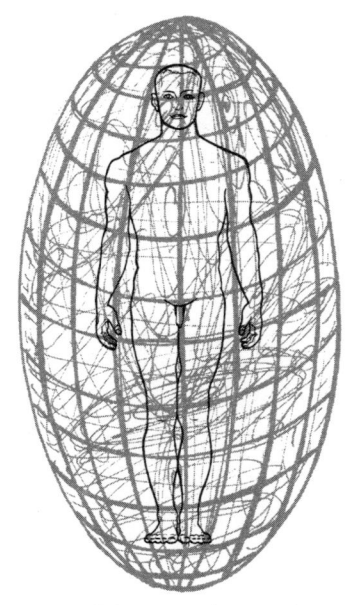

Abbildung 47 zeigt die sich kreuzenden und dieses Netz bildenden Einteilungen, die diagonal verlaufen, halbdiagonal angeordnet sind ö.ä. Jede Spirale bildet die Form eines Eies!

Zwischen den verschiedenen Eiformationen entsteht ein Zwischenraum in Dreieckform.

Auch das Achteck ist eine typische, immer wieder auftretende Form, die im Metaphysischen wie im Wissenschaftlichen als Urbaustein jeglicher Materie betrachtet wird. Wir finden es im kleinsten Detail ebenso wie als Randbegrenzung über der ganzen Aura. Natürlich sind diese Achtecke auch wieder miteinander ver-

Längs- und Querspiralen ergeben Gitterbildung. Abb. 47

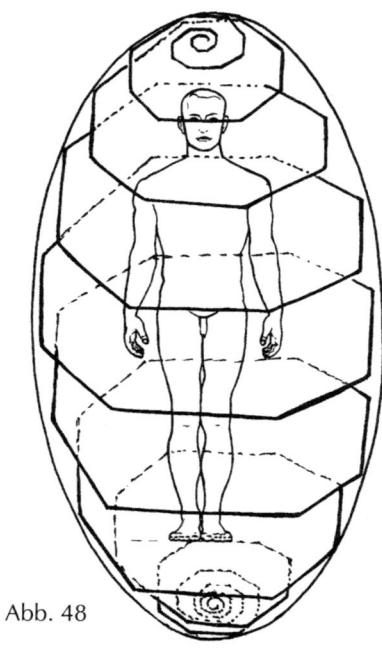

Abb. 48

Achteck
Formation in der Aura und in jeder
Spirale.

woben und ergeben die Spiral-
form (Abb. 48).

Diese Spirale ist alles ausfül-
lend, erfüllend und mitbetrei-
bend. Sie hilft, durch Ener-
giekombinationen jegliche
Form entstehen zu lassen. So
ergeben sich nicht nur Drei-
ecke und Achtecke, sondern
auch Vielecke, Pyramiden, Git-
ter oder andere und seit Ur-
zeiten gültige Formen wie
Obelisken, Keulen, Pfeile, Bogen, Hammer, Amboß undbe-
liebige andere Figuren und
Formen. Die Frequenzen sind
so fein gewoben, daß es möglich
ist, *jedes* Bild entstehen zu lassen.

Kapitel 8

Das Chakraband, die Verbindung zum Höheren Selbst

In Abbildung 49 ist unser irdisch inkarnierter Teil (Teil 1) als Selbst dargestellt. Um dieses herum schwebt der höhere, nicht inkarnierte Teil (Höheres Selbst, Teil 2) und betreut es. Das oberste Chakra oder Kronenchakra ist verbunden mit den noch höheren Chakras, die über unserem Kopf schweben und aneinandergekettet ein Chakraband darstellen. Die Chakras des Chakrabandes werden nach und nach inkarniert, je mehr wir uns der Liebe öffnen und uns geistig weiterentwickeln. Wenn dies geschieht, spult sich das ganze Band um uns herum, mit Spiralwirbeln, welche in verschiedene Stufen und Pakete eingeteilt sind. Um das Höhere Selbst zu werden, müssen wir all diese Pakete einsaugen - erst dann verstehen wir unsere göttliche Energie. Da jeder Mensch irgendwann einmal im Besitz der ganzen Gotteskraft war, diese aber durch unkluges Handeln verloren hat, ist es sein Bestreben, sich wieder zur Gottheit zu entwickeln.

Verbindung zum Höheren Selbst

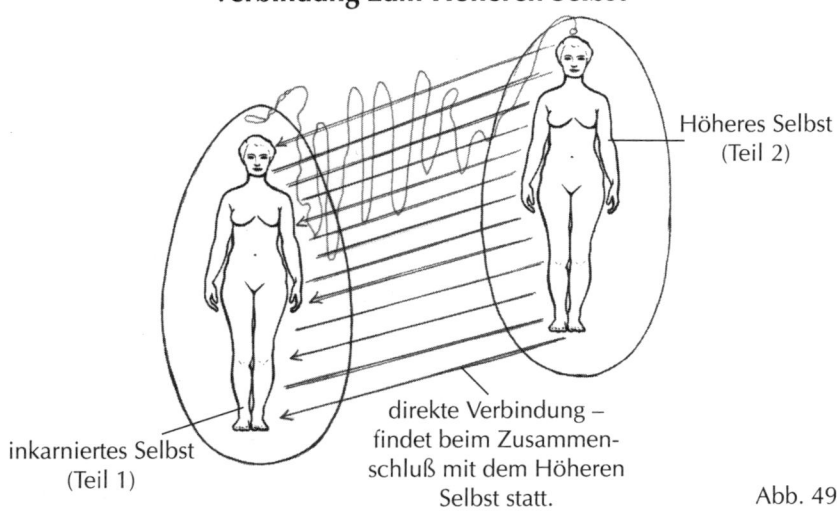

Höheres Selbst
(Teil 2)

inkarniertes Selbst
(Teil 1)

direkte Verbindung –
findet beim Zusammen-
schluß mit dem Höheren
Selbst statt.

Abb. 49

Dreigeteiltheit des Menschen

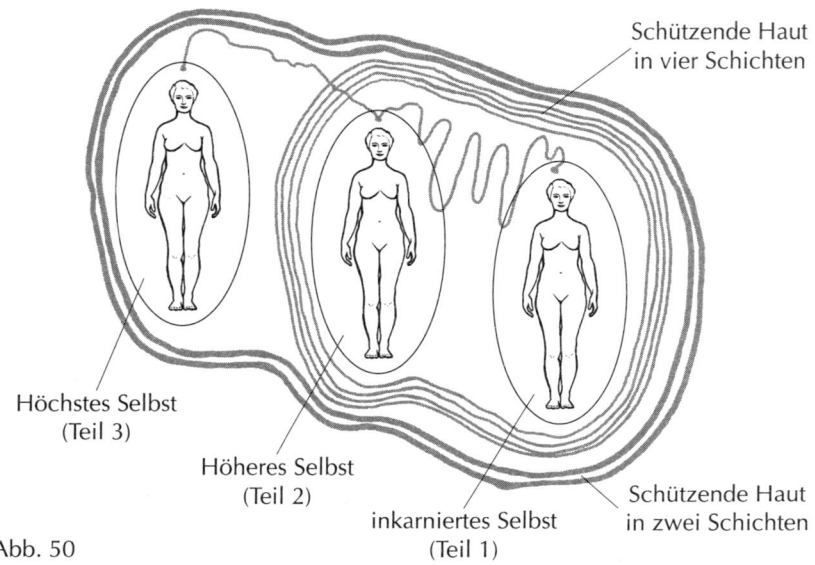

Schützende Haut
in vier Schichten

Höchstes Selbst
(Teil 3)

Höheres Selbst
(Teil 2)

inkarniertes Selbst
(Teil 1)

Schützende Haut
in zwei Schichten

Abb. 50

Deshalb sind wir auf Erden; wir wollen unsere Frequenzen zurückgewinnen. Ist der Mensch so weit, daß er seinen höheren Teil wie-
dererlangt hat, bemerkt er, daß er einen noch höher schwingenden
Teil besitzt (Teil 3). Dies ist das Höchste Selbst, das wir unbedingt
zurückgewinnen wollen, um unsere eigene Identität wieder vollends zu spüren. Ist es einem Menschen zu Lebzeiten gelungen,
sein Höheres Selbst (Teil 2) zu werden, wird er den irdischen
Körper abwerfen, um in der jenseitigen Welt den dritten Teil
zurückzugewinnen. Wir wollen festhalten: etwas fehlt uns und verursacht unsere Dreiteilung. Die Einheit, die wir anstreben, ist per-
sönliche Gottheit. Wir streben nach Gott, nach unserer Einheit.
Abbildung 50 zeigt das Chakraband, welches uns mit dem Höheren Selbst verbindet. Wir sind durch viele tausend Energiefäden
miteinander verkoppelt. Hauptleiter der Energie ist jedoch das
Chakraband, welches oberhalb des Kopfes schwebt und beim
Höheren Selbst ebenfalls ins Kopfchakra mündet. Unsere beiden
Teile sind in eine Schutzhülle gebettet, um den Zusammenhalt zu

gewährleisten. Dies alles ist mit dem Höchsten Selbst (Teil 3) verbunden, welches die beiden erwähnten Systeme (inkarniertes Selbst, Teil 1, und Höheres Selbst, Teil 2) umhüllt und auch speist. Die Auraschicht unseres dritten Teils wird nach außen wieder mit einer Haut abgegrenzt.

Dieses die Aura schützende Hautsystem ist unser äußerster, vom Höheren Selbst gebildeter Mantel. Jede Abgrenzung dient nur dem Schutz und gehört einem vollkommenen System an. Wenn die Häute anders wären, würde das eine System im anderen verschwinden und wir verlören unsere Identität. Ursysteme wie die Chakras sind auch einer Abgrenzung unterworfen und brauchen diesen Schutz, um nicht in Einzelteile zu zerfließen. Die Systeme sind so komplex, daß wir uns als Gott betrachten können, denn wir sind aus Tausenden seiner Urteilchen entstanden.

Die Abbildungen 51-54 zeigen in vier Schritten, wie das unterste Chakra des Chakrabandes inkarniert wird. Die Inkarnation geschieht nach einem Plan, der Einweihungen erfordert, sonst gewährt uns der höhere Teil keinen Einblick ins nächste Kapitel! Wenn wir uns erkennen und einweihen können, werden wiederum nach erfolgten seelischen und geistigen Prozessen weitere Chakras allmählich inkarniert. Nach der Integration eines Teils dieser Chakras in unseren Körper erfolgt das direkte Verbinden mit dem Höheren Selbst (Abb. 49, S. 111). Dies ist ein Festakt, denn wir werden enger angeschlossen an unser höheres Wissen.

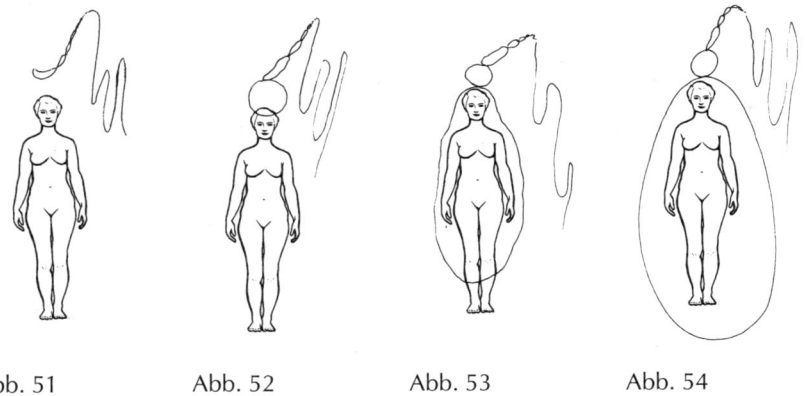

Abb. 51   Abb. 52   Abb. 53   Abb. 54

Von nun an kann das Höhere Selbst direkt durch uns reden oder arbeiten. Es muß nicht mehr drängen oder mit kleineren oder grösseren Winken auf sich aufmerksam machen! Das Höhere Selbst findet jetzt Anerkennung und Gehör durch den inkarnierten Teil.

In Abbildung 55 (Farbt. X) sind verschiedene Auraschichten dargestellt. Diese Schichten werden mit der Urfrequenz des Höheren Selbst gebildet. Es ist eine Art Haut oder Kittfrequenz, aus der feine Fäden laufen, an denen wieder Chakras befestigt sind (20% des inkarnierten Höheren Selbst). Ein kleiner Ausschnitt aus der Kausalschicht ist in Abbildung 56 (S. 115) dargestellt.

Die Abbildungen 57 a, b, und c zeigen Ausschnitte der drei verschiedenen Strukturarten von Auraschicht-Abgrenzungen.

Die Umgrenzung der verschiedenen Auraschichten ist, wie früher erwähnt, eiförmig und verschieden in ihrer Struktur. Bei der Geburt sind die vier Aura-Potentiale vollständig vorhanden. Mit der Zeit wird das Kind aber einen Teil seiner Aura wegschließen und sein Potential an Wissen verlieren (Abb. 58, S. 116). Dies geschieht, indem es die Aura in der Mitte zuschnürt und zwei sich ergänzende Ballone entstehen. Sind wir bereit, uns im Laufe des Lebens zu öffnen, wird sich dieser verklebte Aurakörper auftun, und die ganze Weisheit fließt uns zu, und macht uns heil. Der vermißte Teil wird schrittweise wieder frei, und Reinheit in Gedanken und Taten kann gelebt werden. Wir sind ja im Ursprung eine reine Natur, nur müssen wir sie in harter Arbeit wieder zurückerobern. Können wir die Klebstellen lösen, wird der Ballon wieder rund und formiert sich zu einem Ei. Die Abbildungen 59 und 60 zeigen das Öffnen des weggeschlossenen Aurapotentials. Danach wird die uns einhüllende äußerste Haut mit dem höher bewußten Teil verstärkt oder verstrebt und bildet eine Verbindung zu unserem inkarnierten Selbst. Diese Haut wird unmittelbar nach dem Öffnen des zweiten Eies gebildet, was mehrere Monate, ein Jahr oder mehr Zeit beansprucht. Das Wachstum beschleunigt sich, wenn wir uns ganz mit unserem Inneren verbrüdern und die angestrebte Einheit gefunden haben. Die Acht, die wir innerhalb der Eiform vorfinden, ist ein großes Frequenzband, das unser

Eihaut der Aura

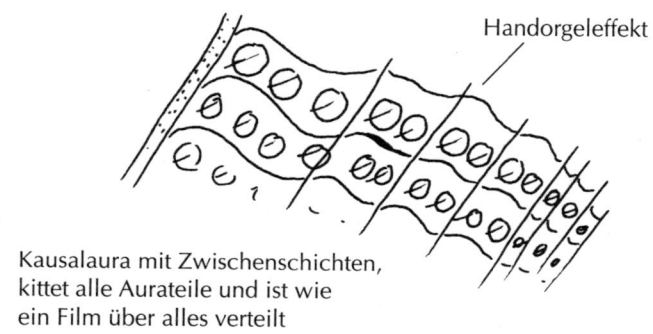

Handorgeleffekt

Kausalaura mit Zwischenschichten,
kittet alle Aurateile und ist wie
ein Film über alles verteilt

Abb. 56

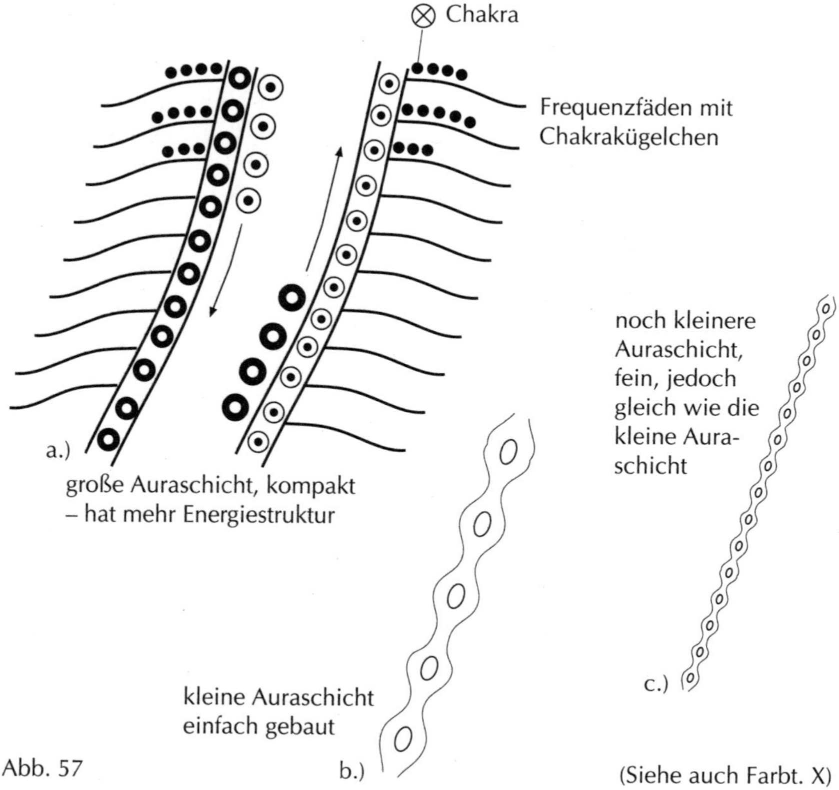

⊗ Chakra

Frequenzfäden mit
Chakrakügelchen

noch kleinere
Auraschicht,
fein, jedoch
gleich wie die
kleine Aura-
schicht

a.)

große Auraschicht, kompakt
– hat mehr Energiestruktur

kleine Auraschicht
einfach gebaut

c.)

Abb. 57   b.)

(Siehe auch Farbt. X)

Öffnung des Bewußtseins

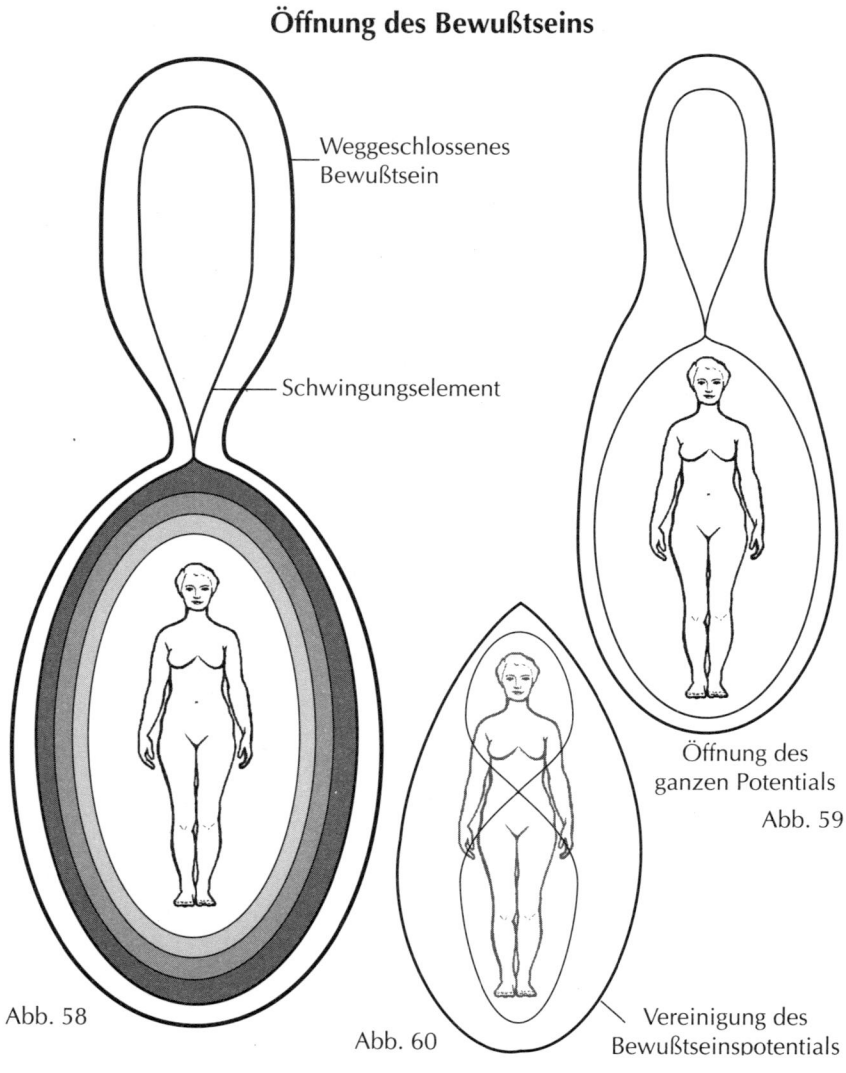

Weggeschlossenes
Bewußtsein

Schwingungselement

Öffnung des
ganzen Potentials
Abb. 59

Abb. 58

Abb. 60

Vereinigung des
Bewußtseinspotentials

System leitet. Es vibriert, dreht und wendet sich, bis es in einer nächsten Phase nicht mehr wie eine Acht aussieht, sondern ebenfalls zum Kreis wird.

III AUSSERKÖRPERLICHE ENERGIEAKTIVITÄTEN

Kapitel 9
Aussendung des Geistes und Materialisation von Körpern

Der Vorteil eines inkarnierten Daseins besteht darin, daß das Lernen einfacher ist. Lebendiges Sein wird so lange geübt, bis wir begriffen haben, was Liebe ist. Das Höhere Selbst ist eine Manifestation von Energie, welche selbständig in Aktionen treten kann. Es hat die Möglichkeit, sich auszusenden, um einen anderen Ort zu erreichen, eventuell an mehreren Orten gleichzeitig zu erscheinen. Meist wird dies von Meistern praktiziert, denn ohne Sinn und Zweck sendet sich das Höhere Selbst nicht aus. Es muß durch den irdischen Teil motiviert werden. Dies geschieht durch geistige Entfaltung. Ein Weiser ist fähig, ein Bild seines Selbst und Höheren Selbst irgendwohin zu projizieren, ohne seinen irdischen Standort zu verlassen. Im feinstofflichen Bereich ist es nicht ungewöhnlich, sich zu vervielfältigen. Der jenseitige Teil bildet einen zweiten, dritten und weitere Körper, die für kurze Zeit in Kraft treten.

Abbildung 61 (S. 118) zeigt, wie so etwas geschieht. Wieder sind Schnüre oder Fäden ausgerollt worden, die an ihren Enden ein Phantombild erstellen, eigentlich ein Abbild reproduzieren.

Die Möglichkeit, auf diese Weise Menschen in Bedrängnis beizustehen, Hilfe anzubieten oder ihnen Impulse zu geben, ihre Negativität abzulegen, werden wir erlernen müssen. Je weiter unsere Entwicklung gedeiht, desto mehr Möglichkeiten können wir einsetzen, um Gutes zu tun. Jeder Mensch wäre in der Lage zu lernen, die Erdenergie so zu nutzen, daß ein Phantomkörper entsteht. Durch unsere irdische Enwicklung ist dies möglich.

Aussendung des Geistes des Höheren Selbst

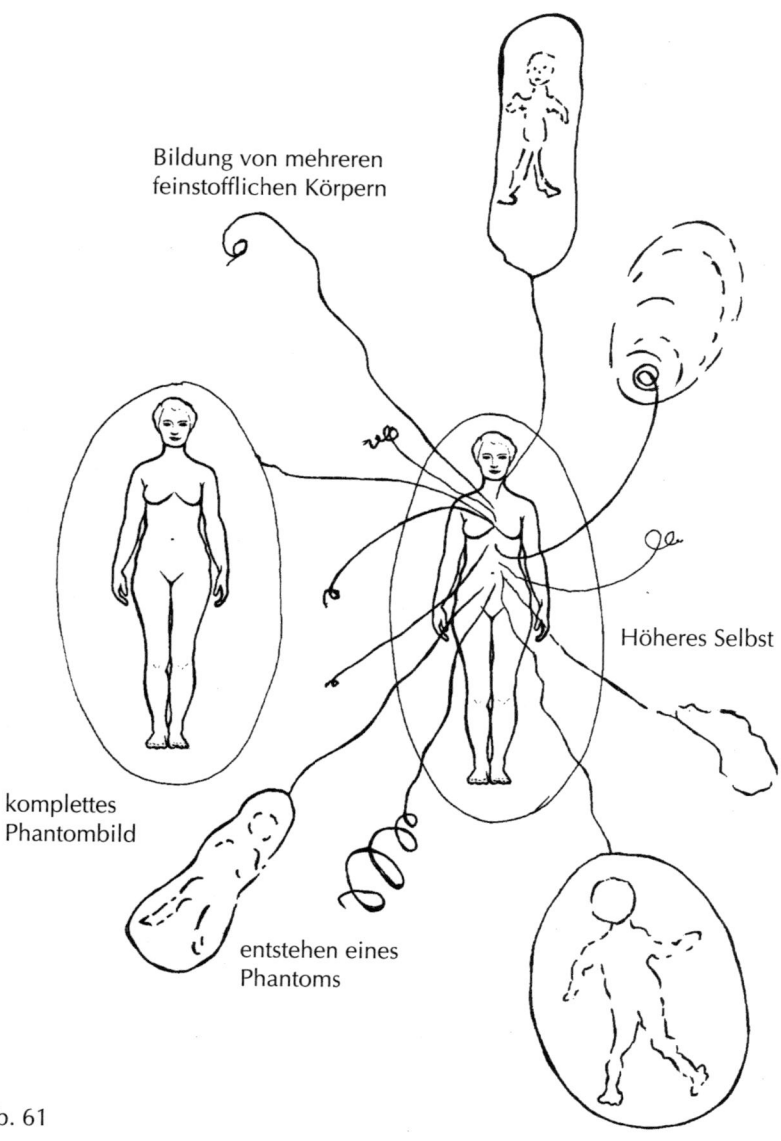

Bildung von mehreren
feinstofflichen Körpern

komplettes
Phantombild

entstehen eines
Phantoms

Höheres Selbst

Abb. 61

Allerdings sollte diese Fähigkeit mit Geist beseelt sein, damit sie zu höheren Aufgaben genutzt wird. Ohne Geist verpuffen diese Energien in so fragwürdigen Aktivitäten wie zum Beispiel Löffelbiegen. Wobei auch eine solche Demonstration einen Sinn haben kann, wenn dadurch Menschen von der Existenz solcher Kräfte überzeugt werden. Diese Kraft sinnentleert für nutzlose Dinge zu gebrauchen, wird uns langweilen. Wenden wir uns also an unseren Geist mit der Frage nach unserer Aufgabe. Dank seiner Antwort werden wir verstehen, wozu wir unsere Kraft haben und wie wir sie einsetzen sollen.

Damit sind wir wieder beim Thema Heilen. Allzuoft meinen wir, bei Heilungen sei ein höheres Bewußtsein am Werk. Dem ist nicht unbedingt so. Heiler aus aller Welt sind oft einseitig begabt und wissen über ihr Leben und die ewiggültigen göttlichen Gesetze unter Umständen recht wenig. Die Voraussetzung, die notwendig ist, um qualitativ hochstehende, differenzierte Energien zu entwickeln und anzuwenden, ist die Hinwendung zu unserem Höheren Selbst. Wir müssen uns bemühen, immer mehr Initiationen zu erfahren. Der eingeweihte Mensch kann so an immer größere Aufgaben herangeführt werden, um mit seinem schöpferischen Potential fruchtbar zu arbeiten. Mit Phantombildern kann gearbeitet werden, wenn sich der Geist im Körper manifestiert oder das Höhere Selbst den Zusammenschluß mit ihm vollzogen hat. Dann werden neue, auch aus dem Erdreich stammende Frequenzen erstehen.

Abbildung 62 (S. 120) zeigt uns, was die irdische Sphäre zu bilden hat, damit Phantome materialisiert werden können. Die Erde gibt uns Schutz und Halt, wenn wir uns mit dem geistigen Prinzip verbinden. Sie schlägt einen Bogen um die Eiform, die wir darstellen, und erlaubt uns, von ihrer Kraft Gebrauch zu machen, sofern es sinnvoll ist. Diese Schicht wird von einer zweiten geistigen Schicht beseelt. Große, zunächst im feinstofflichen Bereich schwebende Blasen oder Säckchen werden gebildet. Ist es soweit, daß sich der Geist in diesen Sack oder diese Blase projizieren kann oder will, füllt sich dieser mit der nötigen Energie aus der Erde. Diese Blase kann sich fortbewegen bis ans andere Ende der Welt,

Sackbildung aus der Mutter Erde
zur Phantombildung des materiellen Körpers

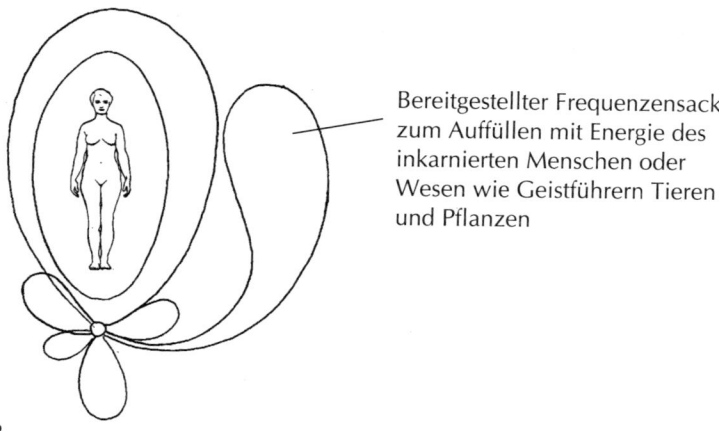

Bereitgestellter Frequenzensack zum Auffüllen mit Energie des inkarnierten Menschen oder Wesen wie Geistführern Tieren und Pflanzen

Abb. 62

wo der Phantomkörper materialisiert wird, als sei er unser echtes Selbst. Damit haben wir in Sekundenschnelle einen Auftrag erfüllt, der uns viel Zeit und Geld gekostet hätte. Unseren Mitmenschen können wir so viel schneller Hilfe anbieten. Das Höhere Bewußtsein gibt dem Phantombild die richtigen Worte ein, damit gleichzeitig ein Mensch geheilt wird.

Der diesen Vorgang beherrschende Mensch wird sich nicht jedesmal bewußt werden, wenn er an anderen Orten erscheint. Nicht alle wunderbaren geistigen Gaben können oder müssen mit unserem Alltagsbewußtsein gelebt werden. Ein höheres Wissen ist ja eben gerade in unserem unbewußten Teil angesiedelt und entwickelt worden. So kann aus diesem Potential heraus ohne unser Tagesbewußtsein eine ganz selbständige, weise Aktivität ablaufen. Wollen wir aber mit unserem Tagesbewußtsein erfahren, wo auf Erden wir gerade auch noch tätig sind, hilft uns geistige Konzentration, dies zu tun. Sind wir mit einer Sache irdisch beschäftigt, müssen wir uns nicht unbedingt durch den Gedanken an den anderen Ort unseres Erscheinens irritieren lassen. Es ist schon ein großes Potential an Liebe nötig, bis dieser

Schritt der Phantombildung in Weisheit geschieht. Das Phantomgebilde ist erst der Anfang der möglichen Dematerialisierung und Materialisierung. Wir werden mit der Zeit den irdischen Körper so oft wir wollen ganz bewußt mitnehmen und an anderen Orten voll bewußt wieder entstehen lassen können. Das ist erstrebenswert, denn es kann uns helfen, zusammen mit dem Körper eine bestimmte Aufgabe zu erfüllen.

Wir können uns an dieser Stelle fragen, wie denn Telepathie funktioniert. Die Telepathie ist ein normales Geschehen der geistigen Aktivität des Menschen. Teils unbewußt, teils bewußt können wir Gedanken fliegen lassen und an jeden gewünschten Ort schicken. Das Prinzip ist einfach zu erklären. Jeder Gedanke hat ein Spiel von Frequenzen und wird dorthin geschickt, wo wir diese Frequenzen hindenken. Die Energien eines Liebespaares zum Beispiel sind so miteinander in Verbindung, daß die dem Partner in Gedanken geschickte Liebe oder produzierte Wellenlänge ihn über jede Distanz hinweg in dieses Elixier einhüllt. Auf diese Weise können wir auch wirkungsvoll Heilung versenden. Daß Unterstützung über viele Kilometer hinweg gegeben werden kann, war schon immer bekannt. Sind zwei Menschen gut aufeinander eingestimmt, werden sie sogar telepathisch Gedanken austauschen können. Jedoch ist diese Aussendung von Energie lediglich ein feiner Strahl der Energiemöglichkeiten und im Vergleich zur „Aussendung von Körpern" viel weniger wirksam.

Die Inkarnation des Selbst in einen irdischen, also grobstofflichen Körper erfolgt, wie erwähnt, durch die Chakras; letztere werden eingefüllt in den fleischlichen Körper und stellen unser Wesen dar. Nun haben wir aber im Schlafstadium die Möglichkeit, aus dem Körper auszutreten oder zumindest einen Teil loszulösen, um in unsere Sphäre der feinstofflichen Welt, in der wir eigentlich zu Hause sind, zu gelangen. Körperaustritte geschehen jede Nacht im Schlaf. Es kann jedoch vorkommen, daß ein Mensch ein oder sogar mehrere Male bei vollem Bewußtsein austritt kann. Er sieht dann unter Umständen seinen eigenen irdischen Körper aus einer anderen Perspektive und lernt dadurch, etwas Neues zu sehen. Seine Begrenzung ist damit gelockert. Es ist jedoch wichtig festzuhalten, daß forciertes Üben von „Austreten aus dem Körper" ungesund ist, unter gewissen Umständen sogar gefährlich werden kann.

Welchen Sinn hat es, aus dem Körper auszutreten? Dieser Zustand, wach oder schlafend erlebt, ermöglicht uns, auf beiden Ebenen gleichzeitig Erfahrungen zu sammeln. Eine gegenseitige Befruchtung findet statt, denn sowohl irdische Erkenntnis als auch jenseitige Erfahrungen helfen uns, uns zu finden. Die Nacht und der Tag, der Schlaf und das Wachbewußtsein haben ihren Sinn und Zweck. Der inkarnierte Teil hat ja mit dem höheren Teil ein Abkommen und braucht zumindest für eine gewisse Zeit täglich die gelebte Verbindung, wie sie im Schlaf zustandekommt. Ohne Schlaf kann der Mensch nicht gedeihen; er würde geistig und seelisch zugrundegehen. Er braucht die Erholung in seinem inneren Selbst, damit der neue Tag gestärkt angegangen werden kann. Die nächsten vier Abbildungen (63-66, Farbt. XI u. XII) zeigen, wie sich die Seele löst, um den Körper zu verlassen. Dabei schlüpft sie einmal beim Kopfchakra hinaus, ein anderes Mal an verschiedenen Punkten gleichzeitig. Die Gewohnheiten sind hier individuell verschieden. Es kann auch sein, daß wir nur mit einem Arm oder Bein ausschlüpfen und schnell wieder zurückkehren. Dies erleben wir manchmal sogar bewußt beim Einschlafen.

Von verschiedenen Punkten aus dehnen sich die Spiralen aus und bilden auf der Höhe des Nabels, in einiger Entfernung vom Körper, eine Schnur, die sich mit dem Kopfchakra des gelösten Teils verbindet. Dieser ausgetretene Teil unseres irdischen Selbst ist größtenteils die seelische Aura. Zusammen mit dem geistigen Anteil verschwindet sie, um sich mit den höheren Welten zu verbinden. Das ganze Paket Mensch ist wiederum in eine Hülle gepackt, damit ihm nichts geschieht. Sie dehnt sich unendlich aus, so daß wir kilometerweit gehen können oder sogar andere Sphären erreichen. Das Höhere Selbst verbindet sich nun mit dem ihm entgegenkommenden Körper und vereint sich mit ihm. Die Auras sind miteinander verschmolzen, und wir fühlen uns wohl und geborgen. Diese Geborgenheit in unserer Einheit wird sich allmählich auch bewußt herstellen lassen, wenn wir uns voll Vertrauen uns selber widmen und uns bemühen, diesen höheren Teil ins Irdische zu inkarnieren. Die Schnur, die uns auf unseren nächtlichen Reisen begleitet, ist die Verbindung, die wir zum inkarnierten Teil aufrechterhalten müssen. Ist unser Körper krank oder wird er im Schlaf gestört, fährt der ausgetretene Teil wie ein Blitz zurück in den Körper und kümmert sich um ihn. Diese Schnur wird auch als Silberschnur bezeichnet. Werden die Frequenzen, die diese Schnur bilden, ausgerollt und bei der Rückkehr in den Körper nicht vollständig wieder eingerollt, hat der Mensch Mühe, wach zu werden. Wenn wir in diesem Fall kalt duschen oder den Körper rubbeln, schnellt unsere Silberschnur ganz zurück. Das Einnehmen gewisser Flüssigkeiten (z.B. Wasser, speziell Süßmost und einige Teesorten) ist ebenfalls geeignet, ein schnelleres Wachwerden herbeizuführen. Die Silberschnur heißt so, weil sie silbern glänzt und einem Faden gleicht, wenn wir sie wahrnehmen können.

Die Tatsache, daß wir sozusagen gleichzeitig auf zwei Ebenen leben, wird uns bewußter, wenn wir mit Bildern meditieren. Dabei sehen wir oft unser eigenes Selbst mit uns arbeiten oder nehmen unbewußte, bisher mißachtete Reflexe bewußt wahr. Musik stellt sich ein, das Gehör schärft sich, und wir erfahren bewußt andere Seinsebenen in uns selbst. Nach und nach können wir die vielen in diesem Buch beschriebenen Frequenzen selbst finden und erleben.

IV — DIE INKARNATION

Kapitel 11 — Der Sinn des Erdenlebens:
Reifung und Fortschritt

Werden und Vergehen, die ewigen Kreisläufe, sind keineswegs Wiederholungen! Das wäre ja Stillstand. Vielmehr bieten sie uns die Möglichkeiten zu Reife und Fortschritt. Das deutet darauf hin, daß wir nicht vergänglich, sondern unsterblich sind. Lediglich unser irdischer Körper zersetzt sich, das heißt, er verändert seine äußere Form, da er ja nach dem Tod wieder als Asche oder Kadaver die Erde nährt.

Nun taucht immer wieder die Frage auf, ob sich die inkarnierte Seele auch zersetzt. Ja, so ist es. Die feinstofflichen Substanzen, die wir brauchen, um unseren irdischen Leib zu bewohnen, werden nach Gebrauch, also nach dem irdischen Tod, in einzelne geistige Potentiale, darunter auch Chakras, aufgeteilt. Bei der nächsten Inkarnation wird sich die Aura wieder neu formieren. Das irdische Selbst bildet sich nur zu Inkarnationszwecken, also um zu reifen. Es wird von unserem höheren Bewußtsein ins Leben gerufen. Denn dieses wählt einen bestimmten, „unseren" Charakter. Die Rotoren und Bahnen des Planetarsystems mit ihren Einflüssen auf unsere Erde spielen dabei eine Rolle durch die Festlegung der Geburtszeit.

Die Geburtsstunde wird vom Kind selber gewählt, weil es sich einen bestimmten Charakter vornimmt, der ihm die Chance verschafft, genau jene Lernschritte zu machen, die es zur Vervollkommnung benötigt. Damit ist nicht gemeint, daß ein Kind immer in besonders „günstige" Verhältnisse hineingeboren wird, manchmal wählt es gerade das Gegenteil. Das Kind sucht sich dann spezifische, erschwerende Umstände aus, damit es aus seinem Innersten heraus Schwächen in Stärken verwandeln kann. Denn nur was selbst erarbeitet ist, kann wirklich stark sein! Im inkarnierten Zustand kann sich dann das Kind mit dem von ihm bestimmten Charakter bewähren. Gewisse Eigenschaften ermöglichen es ihm, besonders erfolgreich zu sein, einen bestimmten Beruf zu ergreifen, die Lebensaufgabe zu erfüllen oder nicht zu erfüllen. Die Christuslehre bezeichnet das als Passion. Wir wiederum verstehen Passion als Leidenschaft. Nehmen wir uns beim Wort und scheuen wir uns nicht davor, den Weg zu beschreiten, den wir uns ausgesucht haben, selbst wenn uns das auch Leid beschert! Die Liebe zu uns selbst und damit die Liebe zur Schöpfung hilft uns, dieses Leid auf unserem Weg zu tragen und umzuwandeln. Wir werden belohnt werden. Reich belohnt!

Die verschiedenen Charaktereigenschaften, die sich ein Kind auswählt, sind in den verschiedenen Auraschichten manifestiert und eingebettet. Die diesseitigen Auraschichten entsprechen den Strukturebenen und der Aufteilung, wie sie in den jenseitigen Welten vorhanden sind. Letztere sind Energiefelder, die uns befähigen, unser ganzes Urwissen zurückzuerlangen. Unsere individuelle Aura hat also zu tun mit der jenseitigen Ebene oder Schicht, von der wir herkommen oder bei der wir zu Hause sind. Da wir uns von Ebene zu Ebene weiterentwickeln, sind wir befähigt, die Aura im inkarnierten Teil entsprechend aufzubauen. Kommen wir in der jenseitigen Welt eine Stufe weiter, so wird dieses Potential auch in die nächste Inkarnation mitgenommen. Die Möglichkeiten, die sich daraus ergeben, sind immens! Und sie verpflichten uns, dieses Kraftpotential im irdischen Leben zu ergründen und zu erschließen. Je entwickelter die Seele ist, desto leichter ist es für die Chakras, ihre Frequenzen zu erhöhen. Deren Anordnung bleibt zwar immer dieselbe, aber sie verändern ihre Volumen und werden so erweitert, daß der Geistcharakter (Höheres Selbst) immer mehr zum Tragen kommt. Schließlich ist es uns sogar möglich, zu Lebzeiten zu unserem höheren Teil, dem Höheren Selbst, „zu werden" und damit das zu sein, was wir eigentlich „sind".

Die Steuerung für unser Sein, unser Verhalten und Handeln ist demnach nicht im Hirn und anderen Organen zu finden, sondern im Aurabereich, das heißt in unserem feinstofflichen Körper. Der physische Körper dient als Vermittler dessen, was im Feinstofflichen vorgedacht wurde. Die Hirntätigkeit hilft uns, mittels des Hirns uns bestimmte Dinge bewußt zu machen. Es ist wie eine Art Katalysator. Der Bewußtseinsvorgang ist erst unbewußt manifestiert und kann dann vom Gehirn oder den anderen Organen, die das Sensorium der Empfindung beinhalten, abgeholt werden.

Die Sinnesorgane helfen mit, uns zum höheren Wissen zu führen. Oft stellt sich ein Gefühl ein, doch wissen wir es nicht zu deuten, bis wir bewußt begreifen, was uns dieses Gefühl zu sagen hat. Dann sind wir „bewußt" geworden und haben die Fähigkeit erworben, uns zu spüren und das Positive zu empfinden. Denn die Bewußtheit, im Sinne von wissen über etwas erlangen, stellt einen Fortschritt dar. An der Schwelle zur Bewußtwerdung sind wir fast immer erst einmal Gefühl. Das, was wir wissen, ist immer eine Rückerinnerung an das, was wir eigentlich schon gedacht haben oder „sind". So werden jenseitige und diesseitige Sphären eins. Für Momente wenigstens. Denn unser höheres Bewußtsein wird im irdischen Bereich durch unser Gehirn gefiltert und uns nur Tropfen für Tropfen zugeführt. Die Ebene unseres Bewußtseins, die wir leben, ist meist wenig „wissend". Um so wichtiger ist es, die Quelle des Seins zu suchen, um unsere Schwierigkeiten aus dem Weg zu räumen. Die Herzgegend mit ihren Chakras ist verantwortlich für höchste Bewußtheit. Dort finden wir Anker und Hort. Dort finden wir auch „unsere Aufgabe".

Kapitel 12 — Das Schöpferische in uns

Wir sind Höheres Selbst und Selbst in einem. Während der Inkarnation stehen die beiden Teile lose in Verbindung. Das macht uns unsicher, und wir müssen lernen, den Kontakt zum anderen Teil herzustellen oder zu entdecken, um mit Hilfe aller uns zur Verfügung stehenden Kräfte das irdische Leben zu bewältigen. Die Verbindung ist immer da, aber wir sind zu wenig darauf konzentriert, so daß wir mit diesem höheren Potential nichts anzufangen wissen oder es nicht beachten. Wenn wir uns selbst lieben lernen, vernehmen wir durch Intuition unser Höheres Selbst. Es kann sich durch unsere innere Stimme mitteilen. Das Selbst und das Höhere Selbst sind so aneinander gekoppelt, daß wir den natürlichen Zugang herstellen können. Das Höhere Selbst übernimmt die Verantwortung für unser Tun, das heißt: wir tun und der höhere Teil kontrolliert die Situation.

Das Höhere Selbst erprobt im inkarnierten Selbst, ob ein Mensch reif ist, ein höheres Bewußtsein (Gottesbewußtheit) wirklich zu leben. Je besser wir diese göttlichen Intuitionen mit unserer Intelligenz zu verbinden verstehen, desto wissender werden wir und desto größer ist unsere Freiheit.

Da das Höhere Selbst so viele ineinandergeflochtene Schichten hat, kann es sich auch ausdehnen und sich unendlich vervielfältigen. Dadurch entsteht die Möglichkeit, mit unserem Höheren Selbst an verschiedenen Orten gleichzeitig zu sein. So ist es möglich, an einem Ort Eindrücke aufzunehmen und an einem ganz anderen entfernten Ort gleichzeitig Liebe zu spenden. Auf diese Weise funktioniert Fernheilung. Obschon uns dieser Vorgang nicht ganz verständlich ist, arbeitet unsere wissende Seite, das Höhere Selbst, auf diese Weise.

Die Gefühle sind gute Helfer, und es gilt sie ernsthaft zu beobachten, um uns besser zu verstehen. Wenn ein Gefühl ausgeprägt vorhanden ist, das irdische Vernunfts-Bewußtsein aber in eine andere Richtung weist, sollten wir dennoch unserem inneren Gefühl nachgehen und es verwirklichen. Das hilft uns, den Verstand (1) zu trainieren, damit er die richtigen Lernschritte vollzieht. Gedanke und Gefühl sind so eng miteinander verbunden, daß sie eine Einheit bilden. Wer hat nicht schon gemerkt, wie diese Einheit auseinanderfällt? Der Kopf und das Herz sind *miteinander* zu gebrauchen! Ohne Kopf oder mit zuviel Kopf herumzugehen, heißt zweifelsohne, keinen rechten Verstand zu haben.

Die Kopfarbeit ist notwendig, um das Gefühl zu verstehen. Der Kopf kann die Gefühle aufnehmen und verarbeiten helfen. Aber der Kopf allein reicht nicht, denn das Verarbeiten der Gefühle ist wiederum an die Gefühlswelt gebunden und nur durch sie umzuwandeln. Der Kopf ist also Mittler oder Zwischenstation zum Gefühlsbereich. Ein Schmerz ist zu verarbeiten, indem wir bewußt damit umgehen. Die Umwandlung dieses Schmerzes in Freude kann bewußt getan werden. Der Kopf hilft uns zu verstehen und bewußt zu werden, was geschieht. Unbewußten Schmerz gibt es auch, dann sind Kopf und Gefühle noch nicht dabei. Das Gefühl des Schmerzes wird demnach zunächst einmal ohne den Körper empfunden und gelangt erst nachträglich, durchs Gehirn geleitet, in unseren Körper. Dementsprechend muß die Seele die Bewußtwerdung des Schmerzes zulassen. Manchmal gelingt dies mit Hilfe des Körpers. Wir sind dann empfindlich an der Niere oder Leber, usw. Ein weiser Mensch betrachtet diese Situation und bringt sein Inneres in Bewegung, um diesen Zustand zu verbessern. Wir sind es also, die diese Schmerzen heilen. Der Arzt vermag wohl, mit Medikamenten zu unterstützen. Das Wesentliche beim Heilprozeß aber muß der Patient selber leisten.

Der Mensch vollbringt mit dem Höheren Selbst auch Hilfeleistungen. Diese gehen insofern den gleichen Weg wie der Schmerz, als sie auch zuerst erkannt und bewußt gemacht werden müssen.

Wir sind von A bis Z nur wir selber und haben so die Macht, uns immer wieder neu zu erschaffen. Wir sind also in unbeschränktem Maß schöpferisch. Das Zusammenspiel der beiden Selbst wird mit Liebe besser koordiniert. Sobald ein Mensch sich liebt, wird der höhere seelische Teil befriedigt. Wir sind dann innerlich nicht mehr zerrissen, sondern eins. Tun wir dies aber nicht, wird der höhere Teil so lange drängen, bis der andere, irdische Teil „Ja" sagt und annimmt. Wenn wir uns ablehnen, häufen sich Depression und Angstzustände. Lassen wir Liebe und Versöhnung einfließen, werden wir erlöst. Wer kann uns diese Liebe geben? Nur wir selber. Der rote Faden im Leben sind wir. Alles sind wir.

Die Kälte sind wir, die Wärme auch. Wirrnisse, Wut und Aggression sind uns vertraut. Freude, Liebesgefühle und Toleranz sind uns oft zu wenig vertraut. Immer machen wir die Umstände verantwortlich für das, was uns quält. Weshalb eigentlich? Nehmen wir den Mut zusammen und konzentrieren wir uns auf unsere Liebesgefühle, dann sind wir satt und gestillt und brauchen keine Vorwürfe an unsere Umwelt zu richten. Das Wunder der Liebe hilft Berge versetzen.

Das Höhere Selbst ist, wie schon erwähnt, durch das Chakraband mit unserem Selbst verbunden. Diese Chakraformation beinhaltet ein Prinzip, das bei der Inkarnation vom Höheren Selbst ausgeschüttet wird. Wenn wir durch unsere Liebe diese Chakras in unseren Körper einsaugen können, dann gelingt es uns, höheres Bewußtsein zu erfahren. Wir vermögen dann dem Höheren Selbst immer mehr Raum zu geben in unserem inkarnierten Körper. Damit können wir Erfahrungen machen, die ausschließlich an dieses höhere Bewußtsein gekoppelt sind. Ohne Liebe kann aber dieses Chakraband, welches in vielen Formationen aufgebaut ist, nicht in unseren Körper geholt werden. Je mehr unsere Liebe wächst, je mehr Initiationen unser Inneres erlebt, desto öfter tritt dieses Band in Aktion und rutscht herunter. Es bläst sich auf, bis sich die Teilstruktur mit unserem Inneren verbinden kann. Es wird einverleibt! Die Chakrastruktur bleibt aber immer dieselbe. Die Chakras des Höheren Selbst sind also der gleichen Struktur unterworfen. Alles Sein ist so aufgebaut. Bei der Geburt geschieht eine Teilung der Einheit. Das ist alles. Die Ströme, die uns am Leben erhalten, sind Energien, die von der Erde, der Sonne und dem Mond unterhalten werden. Auch kalte Planeten haben Energien, die uns helfen, dieses Erdendasein zu bestehen. Die Aufgabe ist nur, Liebe zu leben, sonst nichts.

Je nach Entwicklungsstand der Seele kommen diese einzelnen Teile des Bandes nach unten und werden in den Körper und das inkarnierte Selbst integriert. Nach einer Weile, wenn einige Teilstrukturen im Menschen verankert sind, kann sich das Höhere Selbst so formieren, daß es direkt an den inkarnierten Teil angeschlossen wird. Damit wird es vollends Führer über sein ganzes Sein. Unser Denksystem kann sich nun viel aktiver betätigen als bisher. Das Bewußtsein ist offen und die Lernprozesse werden beschleunigt. Der Charakter der Seele wird sich rasch ausbilden und zum Guten wenden. Die innere Sprache wird besser verstanden und Wissen kann direkt durchfließen. Die Schwelle oder der Filter zwischen dem bewußten und dem unbewußten Teil ist dadurch viel durchlässiger geworden.

Wir können mithelfen, den Prozeß des Fortschrittes zu beschleunigen oder zu hemmen. Jeder Mensch hat diese Möglichkeit von Veredelung. Er muß daran glauben, das macht ihn fest, und er erreicht sein Ziel. Die sensitiven Fähigkeiten können dadurch immer klarer werden. Wahrheiten kommen an den Tag. Wir verstehen und werden ein besseres Instrument. Wertschätzen ist wichtigstes Gebot, wenn wir uns so weit entwickeln wollen. Ohne die Werte im Innern zu entdecken, geben wir uns keine Nahrung für den Fortschritt.

(1) Verstand

Verstand ist die goldene Mitte zwischen rein irdischer Vernunft und unzulänglicher Irrationalität die Synthese von Intuition und Logos. Oder poetischer gesagt: „denkende Seele".

Die 7 Hauptchakras

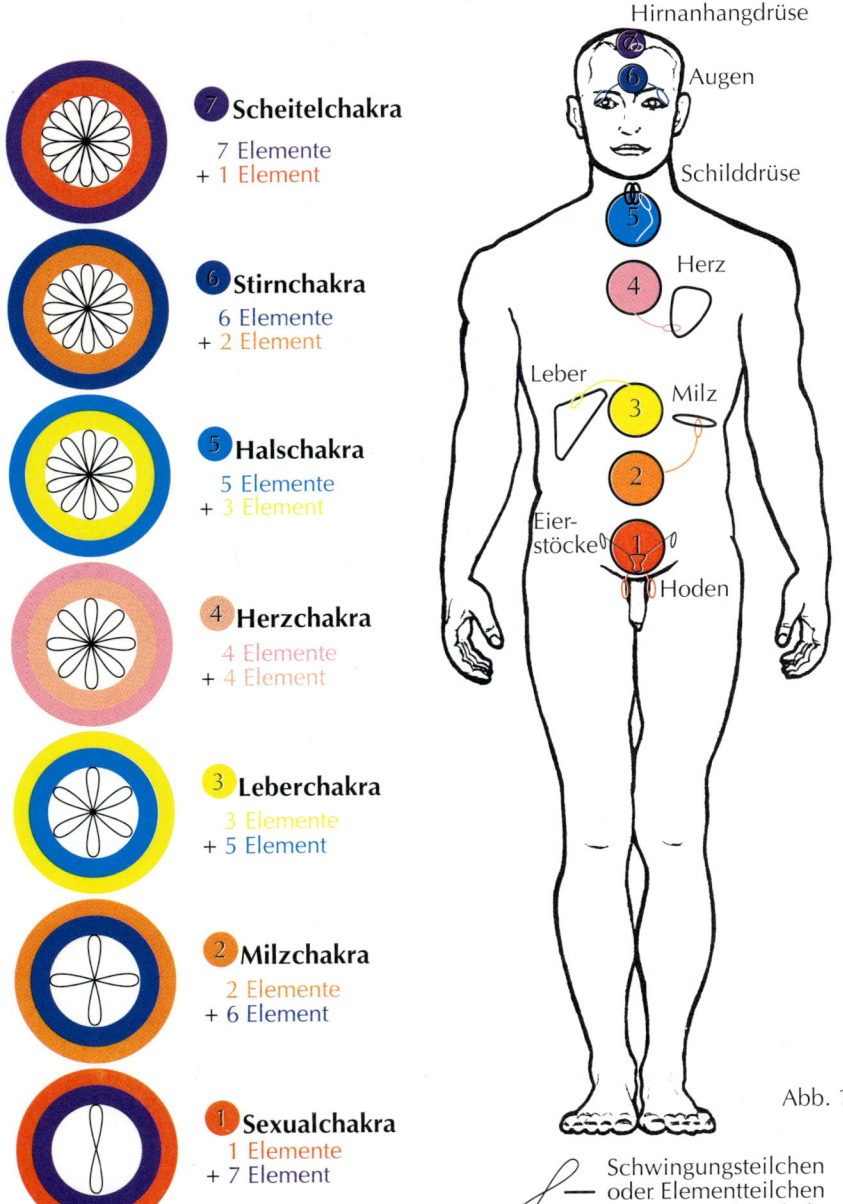

7 **Scheitelchakra**
7 Elemente
+ 1 Element

6 **Stirnchakra**
6 Elemente
+ 2 Element

5 **Halschakra**
5 Elemente
+ 3 Element

4 **Herzchakra**
4 Elemente
+ 4 Element

3 **Leberchakra**
3 Elemente
+ 5 Element

2 **Milzchakra**
2 Elemente
+ 6 Element

1 **Sexualchakra**
1 Elemente
+ 7 Element

Hirnanhangdrüse

Augen

Schilddrüse

Herz

Leber

Milz

Eier-
stöcke

Hoden

Abb. 1

Schwingungsteilchen
oder Elementteilchen
im Inneren der Chakras

I

Hauptchakrareihen die unsere Mitte bilden

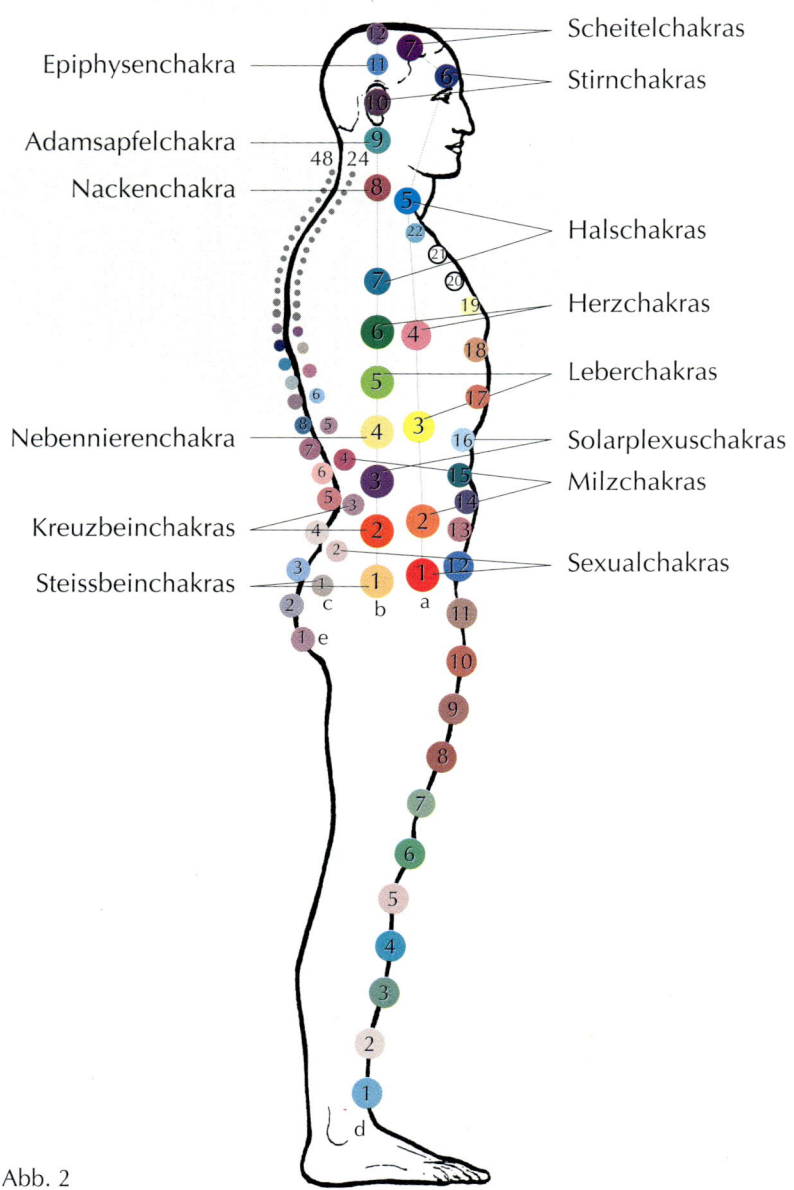

Scheitelchakras

Epiphysenchakra

Stirnchakras

Adamsapfelchakra

Nackenchakra

Halschakras

Herzchakras

Leberchakras

Nebennierenchakra

Solarplexuschakras

Milzchakras

Kreuzbeinchakras

Sexualchakras

Steissbeinchakras

Abb. 2

II

Chakrahäute eines einfachen Chakras

Obere Hautschicht

Abb. 10

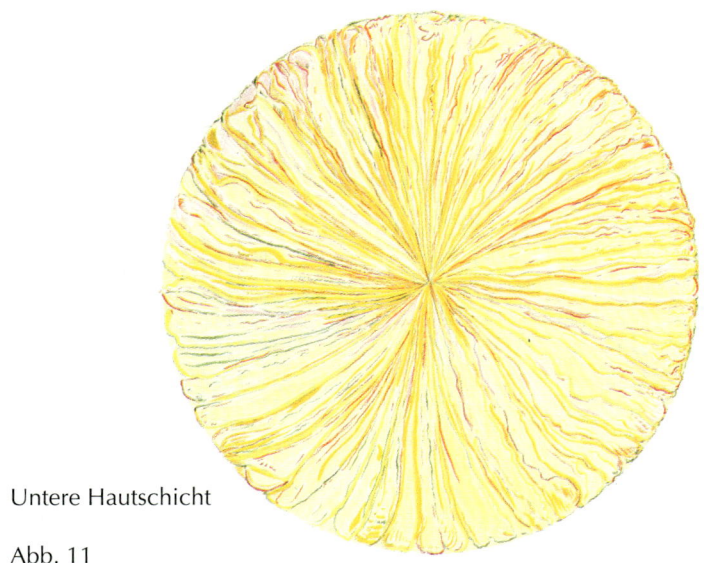

Untere Hautschicht

Abb. 11

III

Chakrahäute eines komplizierten Chakras

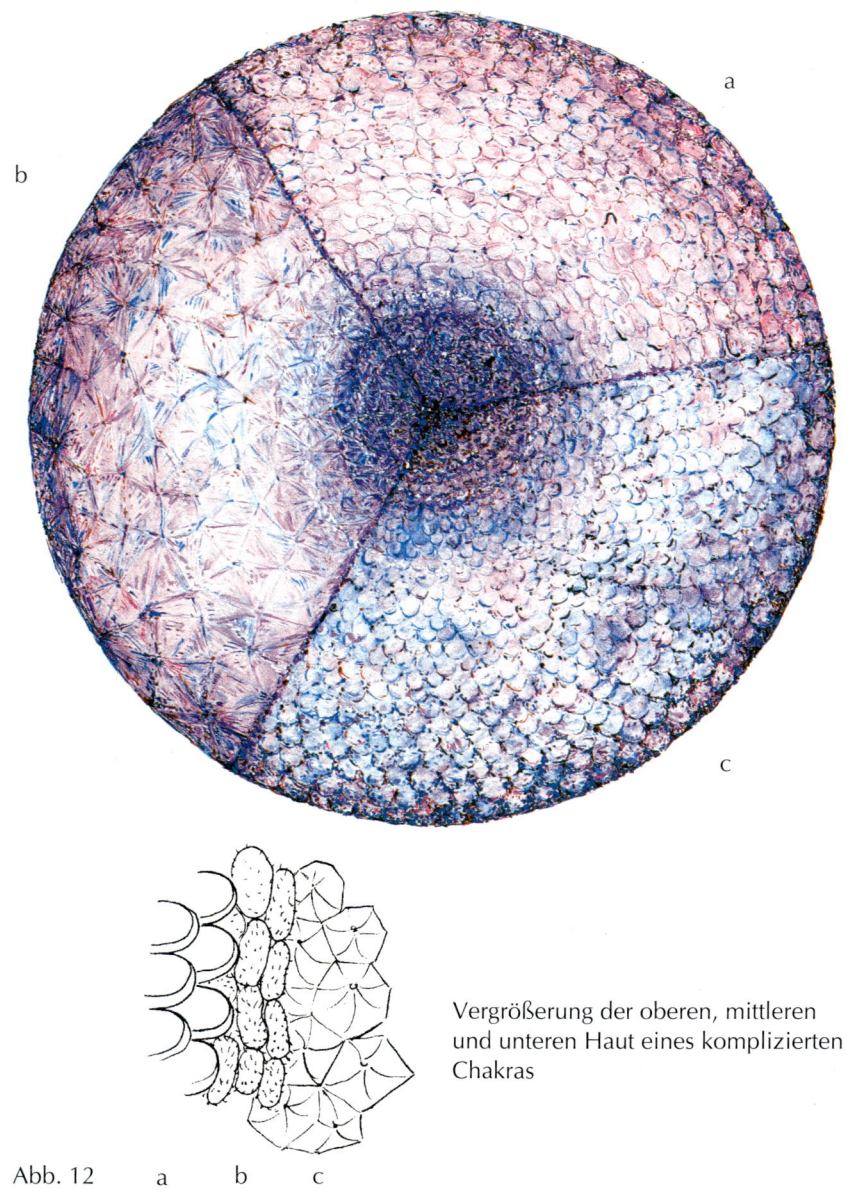

a

b

c

Vergrößerung der oberen, mittleren und unteren Haut eines komplizierten Chakras

Abb. 12   a   b   c

Schutzsacksysteme in der Herzgegend

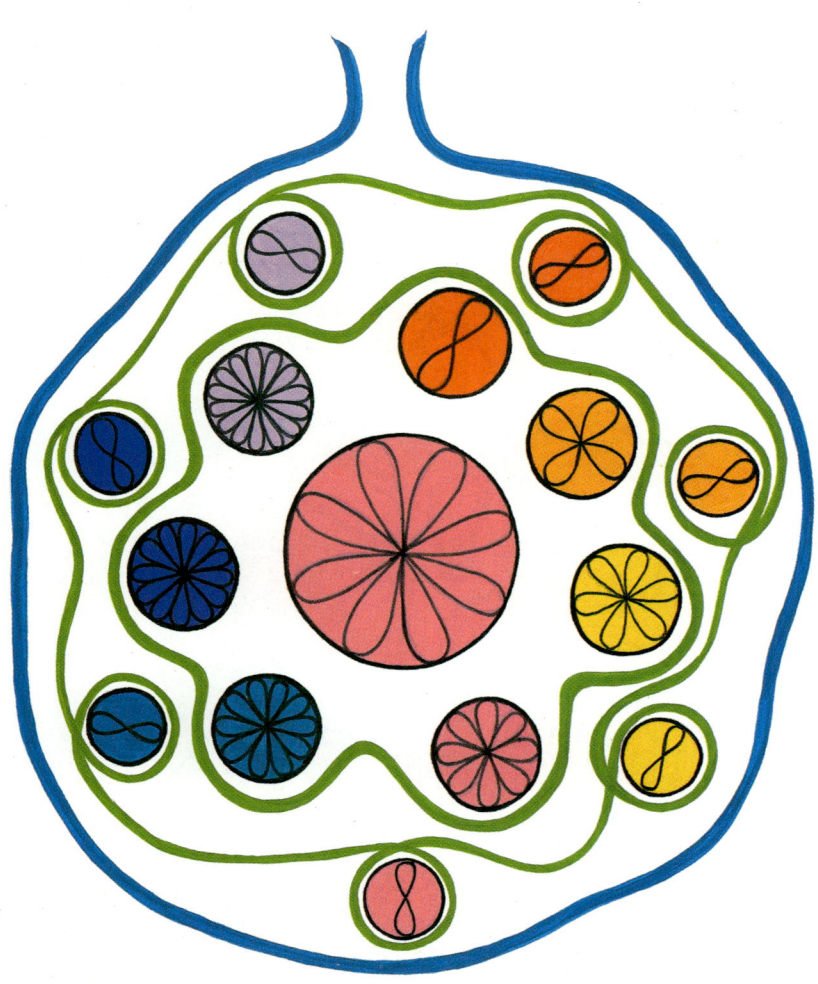

Abb. 15

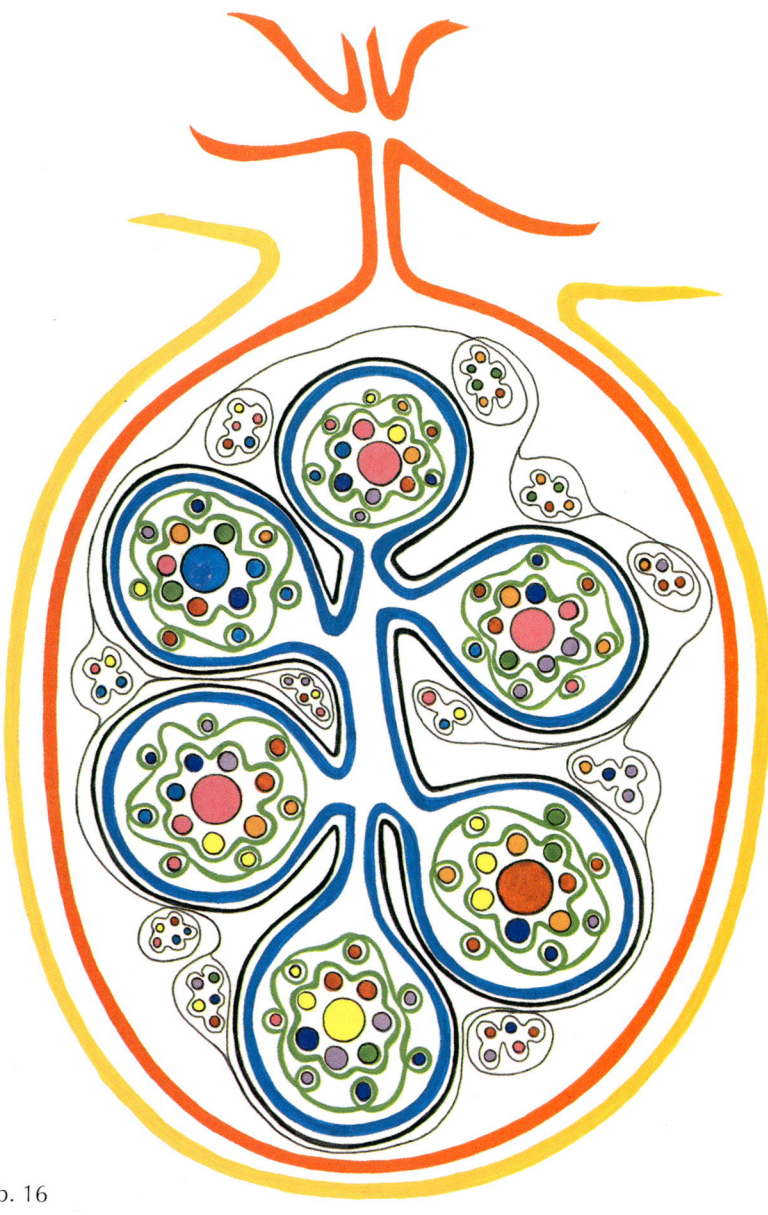

Abb. 16

VI

Chakra mit aufgeblasenem Säckchensystem

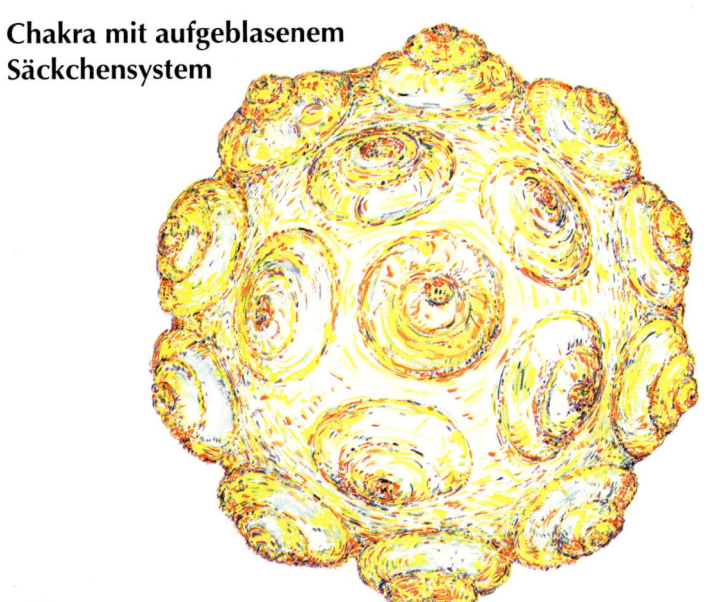

Abb. 17

Blühendes Chakra

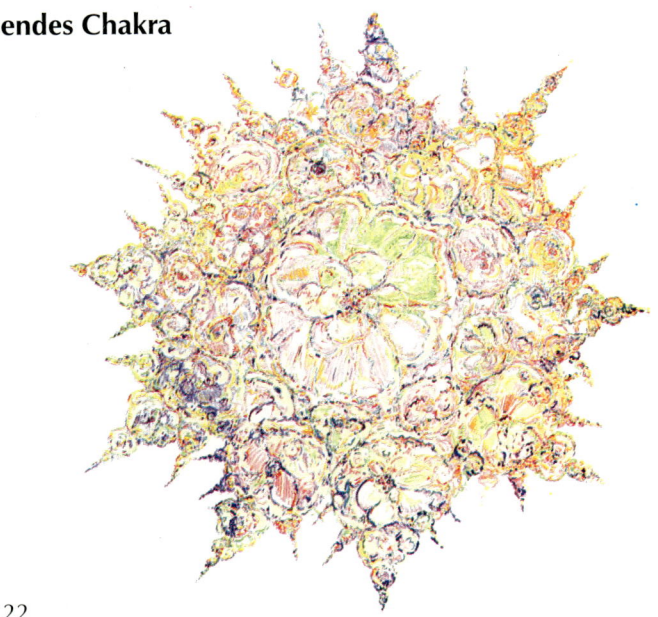

Abb. 22

Sensorenkörper

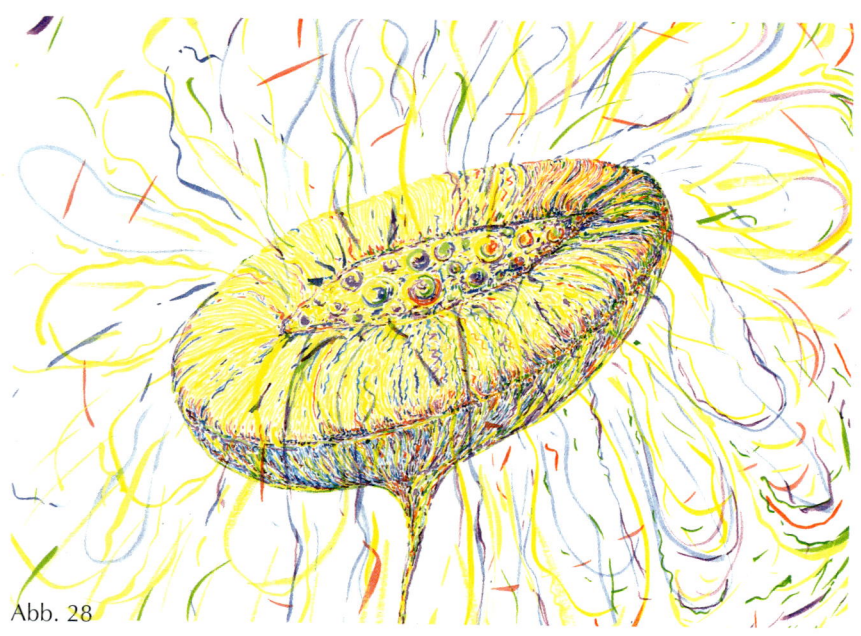

Abb. 28

Blühender Sensor

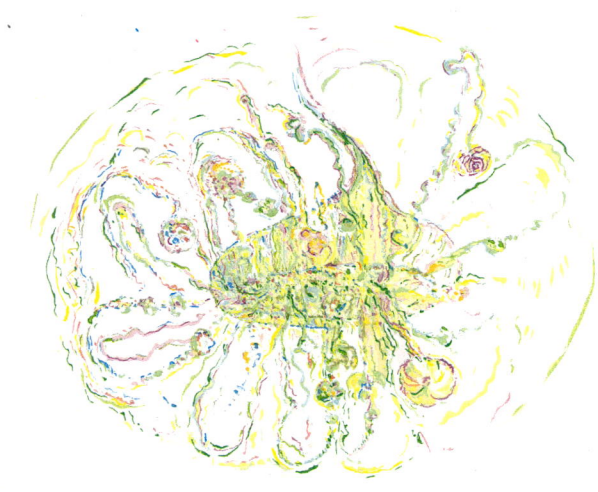

Abb. 29

VIII

Abb. 35

IX

Eihaut der Aura

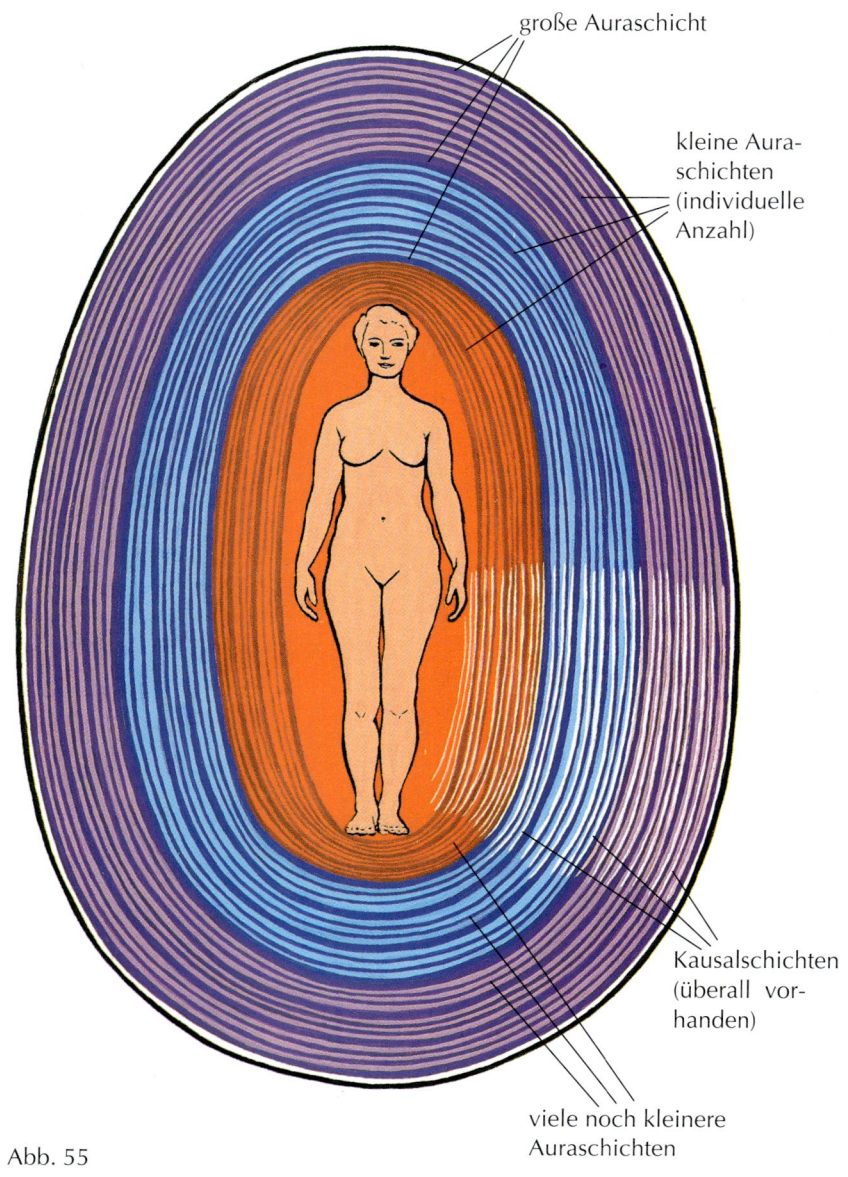

große Auraschicht

kleine Aura-
schichten
(individuelle
Anzahl)

Kausalschichten
(überall vor-
handen)

viele noch kleinere
Auraschichten

Abb. 55

X

Austritt aus dem Körper

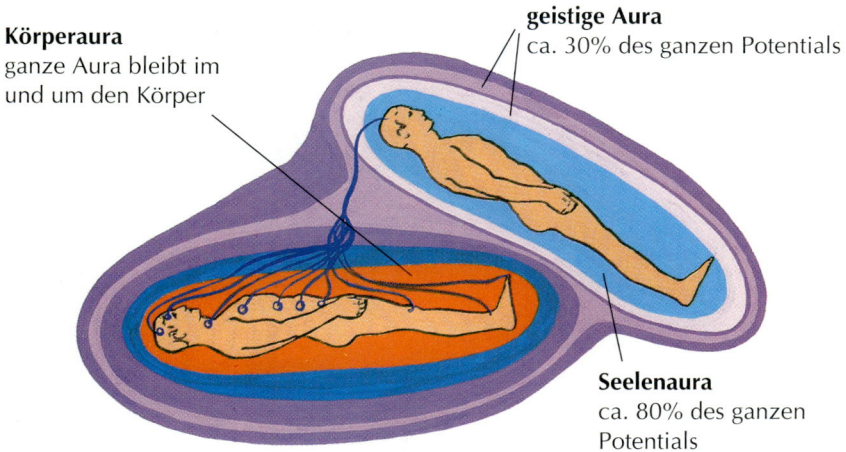

Körperaura
ganze Aura bleibt im
und um den Körper

geistige Aura
ca. 30% des ganzen Potentials

Seelenaura
ca. 80% des ganzen
Potentials

Abb. 63

Verbindungsschnur zum Höchsten
Selbst (3. Teil) wird erst aktiv wenn
man ausgetreten ist

Verbindungsschnur zum
Hohen Selbst (Silberschnur)

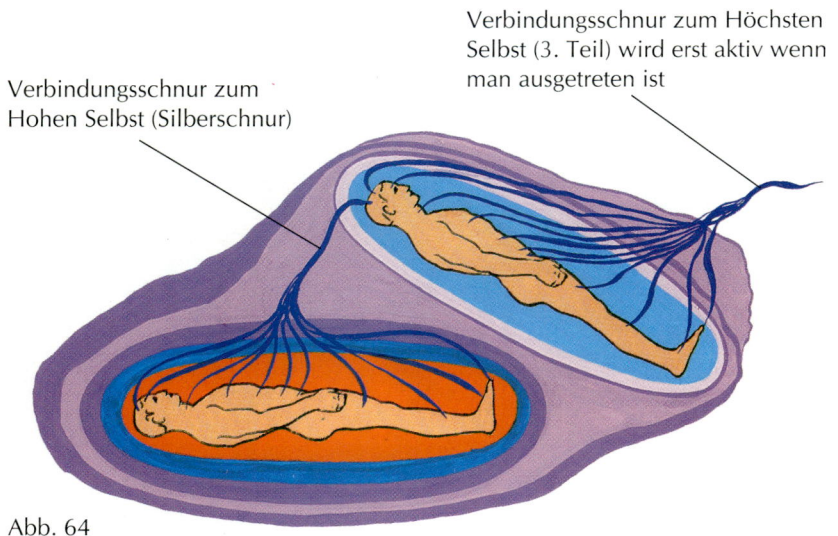

Abb. 64

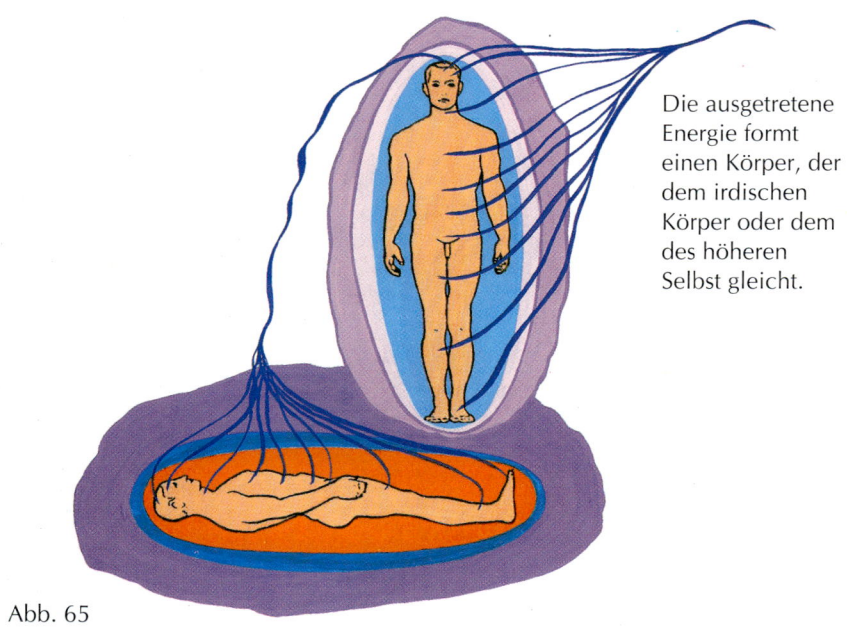

Die ausgetretene Energie formt einen Körper, der dem irdischen Körper oder dem des höheren Selbst gleicht.

Abb. 65

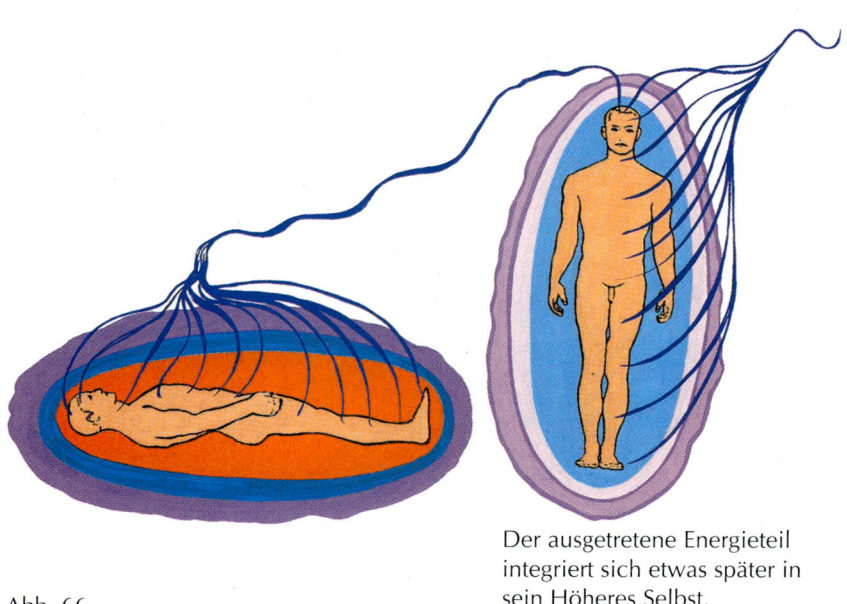

Der ausgetretene Energieteil integriert sich etwas später in sein Höheres Selbst.

Abb. 66

Die Geburt

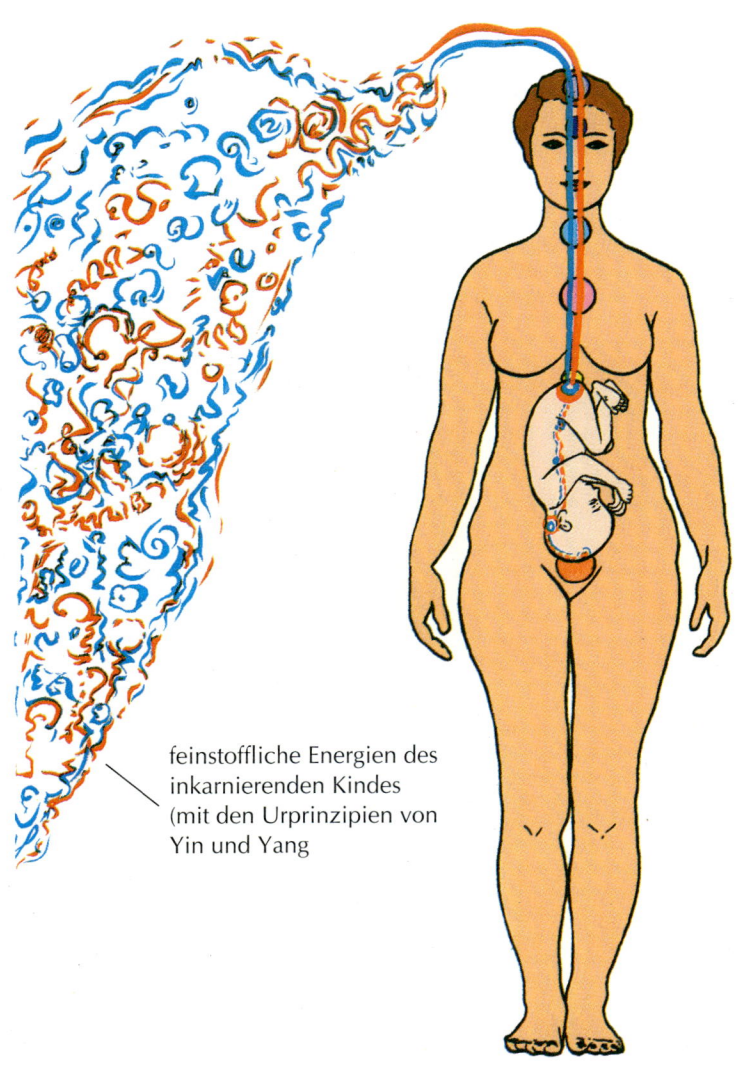

feinstoffliche Energien des
inkarnierenden Kindes
(mit den Urprinzipien von
Yin und Yang

Abb. 67

Die Geburt

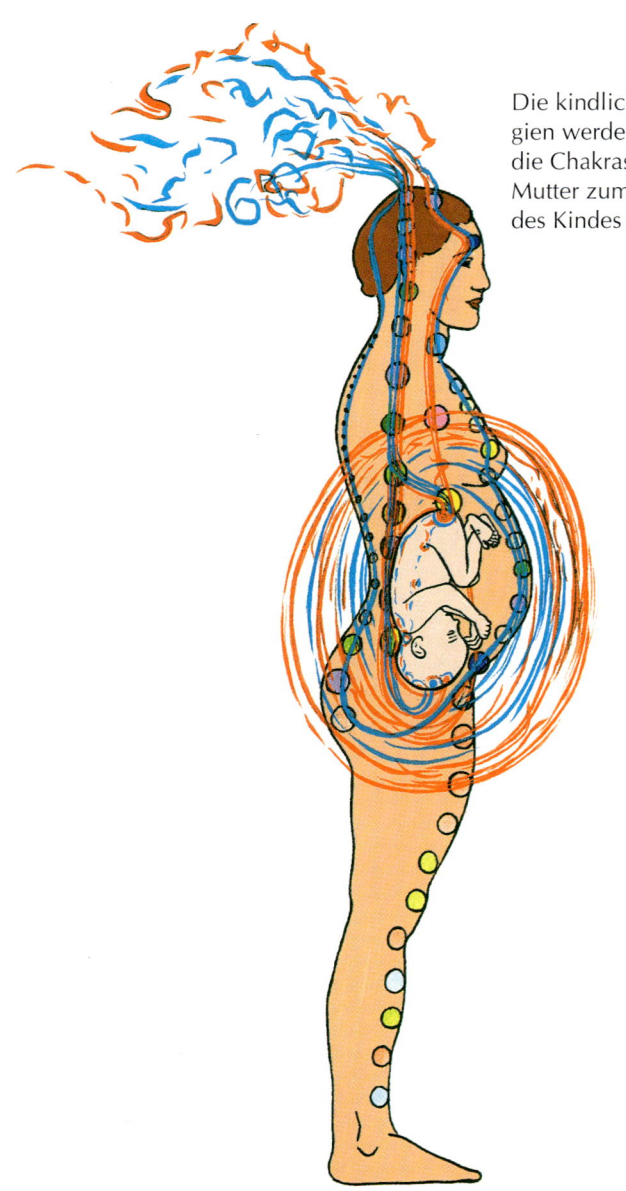

Die kindlichen Energien werden durch die Chakras der Mutter zum Körper des Kindes geleitet.

Abb. 68

Die Geburt

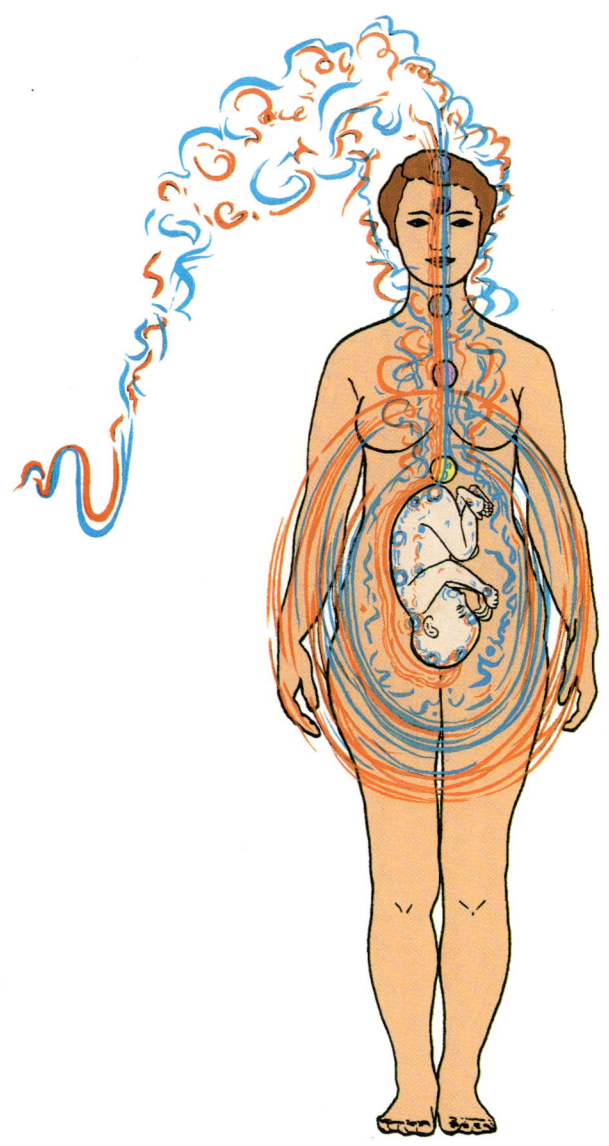

Abb. 69

Die Geburt

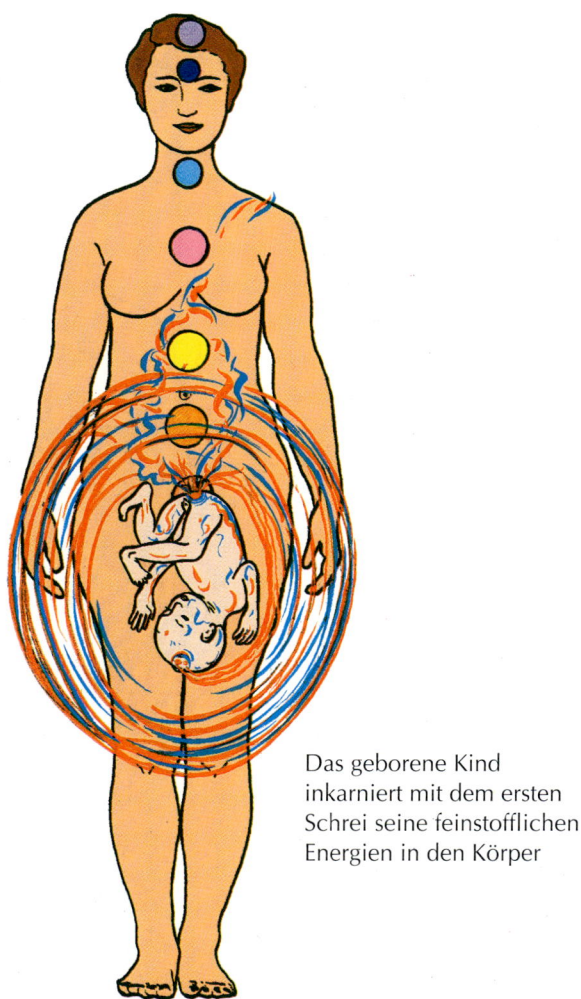

Das geborene Kind
inkarniert mit dem ersten
Schrei seine feinstofflichen
Energien in den Körper

Abb. 70

XVI

Kapitel 13

Zeit – Ewigkeit

Zeit und Ewigkeit bilden eine Einheit. Die Zeit ist dem Irdischen, die Ewigkeit dem Geistigen zugeordnet. Dementsprechend ist unser Selbst an die Zeit gebunden, während das Höhere Selbst ewig ist. Unendliches Geschehen Gottes äußert sich in vielen Schwingungen. Ein Geschehen ist ein Ablauf von Ereignissen, und dies kann man messen. Da diese Zeit aber auch ein Geschehen der Unendlichkeit darstellt, ist eben auch die Zeit ein Stück der Ewigkeit. Oder besser ausgedrückt, die Zeit hebt sich in der Unendlichkeit auf.

Das verschiedenartige Funktionieren von Selbst und Höherem Selbst in bezug auf die Zeit hat seinen Sinn. Das feine und schnell schwingende Höhere Selbst, im Zusammenspiel mit dem langsam reagierenden inkarnierten Teil, ist an unseren irdischen Zeitplan gebunden. Der Mensch, in seiner Tätigkeit, entwickelt gerade in dieser Zeit sein inneres Licht schneller. Ziel des Erdenlebens ist das Erkennen. Durch genaues Beobachten der sich langsam entwickelnden Vorgänge auf der Erde kommt eine Schnelligkeit im Lernprozeß zustande, die Reifung und Fortschritt fördert. Genaugenommen ist es ein Ineinandergreifen, ein Lernspiel von Zeitlupe und Tempo. Wenn Sportler ihre Bewegungsabläufe in Zeitlupe anschauen, erkennen sie schneller, wo der Fehler in ihrem Bewegungsablauf liegt.

So haben wir Menschen in der irdischen Verlangsamung ebenfalls die Möglichkeit, unsere geistig-seelischen Bewegungen zu studieren und unseren Werdegang zu analysieren, so daß wir im Endeffekt doch schnell lernen. Die irdische Zeit bedeutet eine Wende für unsere Entwicklung, und sie bedeutet immer auch Neubeginn. Alte Muster werden überholt, um Änderungen zu bewirken.

Aus dem Geschehen der Unendlichkeit wird ein kleiner Teil an Energien gemessen, hervorgeholt und angesehen. Mit diesem Teil befassen wir uns täglich. Obwohl wir meinen, es gäbe nur Zeit bis ans Lebensende, bedeutet unser Tod nur eine Wende des Lebens. Wir leben in einer unendlichen Geschichte, die sich zwar beständig ändert, aber nie ein Ende hat. Wir sind Ewigkeit.

Das Arbeiten an sich selbst, das Erlernen des richtigen Umgangs mit den göttlichen Energien, ergibt ein unendliches Wogen, ein unaufhörliches Auf und Ab wie Ebbe und Flut. Das Lernen während unserer Zeit auf dem Planeten Erde ist also nur ein Abschnitt - wir nennen ihn Zeit - aus der zeitlosen Unendlichkeit. Unsere Erde, andere Planeten und Sonnensysteme, die Menschen und alles, was lebt, ist ewig! Sie alle sind Manifestationen in Materie, gebunden an Energie. Sie alle sind Zeitabschnitte, die vergehen, wie sie gekommen sind.

Dieses Kommen und Gehen, eben dieses Wogen in der Unendlichkeit, ist für uns meßbar, erlernbar, begreifbar. Greifen wir wirklich danach, können wir verstehen lernen, wie Energie fruchtbar gehandhabt wird und wie sich gut gelebte Energie positiv auswirkt auf unsere Entwicklung als Wesen der göttlichen Schöpfung.

Die Gesetze, die auf der Erde herrschen, sind darauf gerichtet, daß wir lernen, aufmerksamer zu leben, Ordnung zu machen innen und außen, auch mit der Vergangenheit, daß wir ferner lernen zu lieben und nie mehr zu hassen, kurz daß wir lernen, h e i l zu werden! Diese Vorgänge sind an keine Zeit gebunden, denn was wir in der Woge der Zeit auf Erden begreifen, setzen wir ohne Körper in einer anderen Energieform weiter fort. Wir lernen ohne Ende. Und da wir irgendwann einmal im Geschehen unseres Seins vergessen oder verlernt haben zu lieben, drängt es uns nun, dieses Heilsrezept, „Liebe" genannt, zurückzuerobern und neu zu entdecken. Da wir diese Energie schon einmal gelebt haben, vermögen wir sie sicher wiederzufinden und wiederzuerkennen. Das bedeutet dann, daß wir in jener unendlichen Liebe weiterleben, in der die göttlichen Gesetze ewig gelten.

Es ist wunderbar zu wissen, daß uns das unendliche Geschehen Harmonie und nicht Destruktion lehrt. Göttliche Heilung ist niemandem vorbehalten. Der Wille Gottes in uns ist positives Sein. Werten wir also gemachte Erfahrung aus und verwandeln sie in neues Tun. Erkennen wir den Willen Gottes in uns als unser „reines weises Wollen". Sowie das göttliche Gesetz im einzelnen Menschen oder in einem einzelnen Teil funktionstüchtig wird, gelangt das Einzelne in seiner je individuellen Art zu vollkommener Harmonie.

Dieses Dirigieren des großen Orchesters der unendlichen göttlichen Kraft funktioniert also auch in jedem kleinsten Detail aus sich selbst heraus. Jeder Abschnitt in dieser fruchtbaren Seinsenergie bedeutet Bewegung. Was vor dieser Bewegung war, ist auch nachher da. Es kann sein, daß durch eine Bewegung etwas Neues entsteht. Aber nichts vergeht. Alles ist kreativ. Alles und jedes Geschehen - auch der schmerzliche Tod - ist eine Chance, die unerschöpflichen Möglichkeiten innerhalb der großen Gesetze wahrzunehmen. Wenn wir unser Leben aus diesem Blickwinkel betrachten, wird uns klar, daß wir nur einen Abschnitt Zeit, herausgenommen aus der Ewigkeit, sehen. Wenn wir gelernt haben, diese irdische Zeit gründlich auszuschöpfen, sind wir auch fähig, die Grenzen der realen Welt zu erkennen. Es wird uns dann ein Bedürfnis sein, die irdischen Grenzen zu überwinden, um bewußt an der großen Ewigkeit teilzunehmen. Dann haben wir unseren Willen mit dem Willen Gottes in Einklang gebracht.

Kapitel 14

Die Geburt

All unsere Energien werden erneuert, wenn wir eine Inkarnation beginnen. So bedeutet der Eintritt in ein neues Erdenleben in bezug auf Fortschritt und Entwicklung der Seele immer eine große Chance für jeden Menschen! Gerade deshalb sollten wir die Geburt, also den energetischen Neubeginn auf Erden, als etwas Besonderes herausheben und beschreiben.

Sinn der Geburt

Die Geburt (Abbildungen 67-70, Farbt. XIII-XVI) wird durch jene Seele geleitet, die inkarniert werden möchte. Sie sucht Eltern, die ihr helfen, den für sie wichtigen Plan zu verwirklichen. Sie sucht genau jene Mutter und jenen Vater, kurz jene Situation, die es ihr ermöglicht, die ihr gestellte Aufgabe zu erledigen. Das hört sich seltsam an. Denn manchmal scheint es uns, als hätten wir gerade die falschen Eltern gewählt. Dem ist nicht so. Unsere Seele will es genau so haben. Sie war einsichtig genug, gerade diese Eltern anzuerkennen, um sich die Chance zu geben, schon in der Jugend zu reifen. Die Situationen, auf die wir uns einlassen, sind immer für uns „bestimmt". Der Weg zur Freiheit führt uns zu unseren eigenen Behinderungen! Diese Wahrheit finden wir bestätigt, wenn wir überlegen, wie wir uns verhalten und was uns verletzt. Verletzungen erfahren wir nur durch uns selbst. Denn der Mitmensch kann unsere Verletztheit nicht fühlen, geschweige denn vereiteln.

So müssen wir die Umstände, in die wir hineingeboren wurden, als selbstgewählt akzeptieren. Es ist nicht der Eltern Schuld, daß wir hier auf Erden sind. Wir wollten gerade dieses Nest, um Unordnung in Ordnung zu verwandeln. Wenn Kinder zum Beispiel unter der Spannung einer schlechten Ehe ihrer Eltern leiden, so sind es gerade diese Erfahrungen, die die Kinder brauchen, um diese Fehler der Eltern nicht auch zu begehen! Andererseits ist es aber auch so, daß Eltern von ihren Kindern lernen können. Insofern läßt sich sagen, daß die Eltern ihr Kind ebenfalls aussuchen, um etwas zu bereinigen.

Natürlich ist es immer ein Glück, wenn sich ein Ehepaar in Liebe und Harmonie findet und diese Harmonie aufrecht erhält. Das bedeutet dann, daß sich die in diese Ehe hineingeborenen Kinder ein ruhiges Nest gewählt haben, um sich zu entfalten. Nicht alle Menschen, die auf die Welt kommen, müssen die Erfahrung der Destruktivität oder Unordnung und deren Überwindung machen. Vielleicht haben sie dieses Thema an einem andern Ort schon erledigt. Und so mag es für die Entwicklung der einen oder anderen inkarnierten Seele genügen, einfach die Arbeit des Sichselbst-Annehmens zu leisten. Wieviel Liebe wir im Laufe eines Lebens erfahren dürfen, hängt nur von uns ab. Ein Kind, das Geschwister und Eltern durch Machtkämpfe tyrannisiert, braucht Liebe. Diese Liebe zu geben, wäre nun die Aufgabe, die die Eltern zu lernen und zu erfüllen hätten. Auf einen kürzeren Nenner gebracht, könnte man in diesem Fall sagen, daß diese Mutter oder dieser Vater in diesem Leben lernen müssen, vorbehaltlos zu lieben, das heißt, auch dann Liebe zu geben, wenn scheinbar vom Gegenüber keine „Sympathiekundgebung" kommt. Echt gelebte Liebe findet überall statt und nicht nur da, wo einem selbst Liebe entgegengebracht wird.

Jede Schwierigkeit ist ein Prüfstein in unserem Leben. Als Kind schon haben wir unsere eigenen Untugenden und Tugenden zu erkennen, zu reifen und zu lernen. Das Leben zu gestalten, ist allemal eine Sympathieübung uns selbst gegenüber. Das Prinzip der Liebe beinhaltet nicht ein „Ja" sagen, um zu gefallen oder Belohnung zu bekommen. Eine Bejahung der eigenen Person und des eigenen Daseins heißt immer, mit sich selbst ins Reine zu kommen. Also sind wir unseres eigenen Glückes Schmied. Der Tag, an dem wir erwachsen werden, ist der Tag, an dem wir unsere eigene Destruktivität annehmen, um sie dann ganz bewußt umzupolen! Unser eigenes Schicksal annehmen und nicht andere Menschen für unsere Schwierigkeiten verantwortlich machen, ist wichtigstes Gebot.

In der modernen Psychologie werden die Eltern für alles, was schief läuft, verantwortlich gemacht. Das ist nicht fair. Denn am Anfang ist bei vielen Eltern Wohlwollen für das Neugeborene da. Sie umhegen und lieben es. Und dann, plötzlich, scheinbar grundlos, weint das Kind. Oft sind die Eltern überhaupt nicht schuld, wenn das Kind endlos brüllt. Nun ist es so, daß die Anwesenheit der Eltern oder Geschwister die Seele des Kleinen daran erinnert, was in anderen Leben geschah und erfahren wurde. Oft sind es regelrechte Horrortrips aus vergangener Zeit, die das Baby in diesem Leben nicht ruhen lassen. Ein beruhigendes „ich liebe dich", ausgedrückt auf emotioneller Ebene, mit leisen, liebenden Worten oder von Singen begleitet, lullt das Kind in Geborgenheit, bis es Schlaf findet.

Manchmal rumort die Unruhe in einer neugeborenen Seele, und diese Unruhe bedeutet Schuld. Das Kind kommt nicht zur Ruhe, weil es sich gegen das Leben sträubt. Es hat eine tief verwurzelte Angst, noch einmal die gleichen Untaten zu begehen, nochmals Schuld auf sich zu laden. Deshalb hat dieses Kind so großen Hunger nach Liebe. Oft spürt es, worum es geht, auch wenn wir denken, dies sei nicht möglich. Aber die Seele weiß immer ganz genau, was unser irdisches „Ich" nicht unbedingt weiß. Ein Kind, das getröstet und ermutigt wird, zu sich zu stehen, und ein Kind, dem vermittelt wird, daß es bedingungslos (nicht nur gegen ordentliches Betragen) geliebt wird, bekommt die Wärme, die ihm hilft, seine eigenen Ängste zu überwinden.

So viele Eltern sind entmutigt durch das Schreien ihrer Kinder, und sie können nicht mehr unterscheiden zwischen Notschrei und Gewohnheit. Hören wir auf den Klang des Kindes. Schreit es hilfebedürftig, wütend, angstvoll, fordernd oder verzweifelt? Das innere Gefühl der Mutter und des Vaters ist oft getrübt durch eigene Schuldgefühle oder Ängste. So ist es wichtig, daß wir differenzieren zwischen den in der jeweiligen Situation erforderlichen Reaktionen. Es ist wichtig, daß Eltern spüren, ob sie trösten oder ignorieren sollen. Denn es wäre falsch, wenn aus einem Übermaß an Schuldgefühlen nicht mehr „Nein" gesagt werden kann zu dem schreienden Kind. Mit diesem Verhalten tun sich solche Eltern keinen guten Dienst, denn so verhalten sie sich fremd ihrem eigenen Wesen gegenüber. Nur, auch bei einem Nichtbedienen einer ungerechtfertigten Forderung von Seiten des Kindes darf die Liebe nie fehlen. Denn dann wird beim Kind und bei den Eltern der Begriff Liebe mit Macht gekoppelt, und das fürchterliche Spiel „Forderung gegen Liebesentzug" nimmt seinen verhängnisvollen Anfang. Oft braucht das Kind ein ganzes Leben, um „Liebe leben" zu lernen.

Manchmal müssen wir aus Liebe streng sein, und das nicht nur bei Kindern, sondern auch bei geliebten erwachsenen Menschen. Denn nur so begreifen einige, daß Untugenden nichts als Schmerzen bringen! Dieses Liebesprinzip wird den Menschen immer wieder beschäftigen: Wo hört die Liebe auf, wo beginnt die Zerstörung? Soll Liebe bedingungslos „alles" schlucken? Nein, Liebe kann sehr wohl Grenzen setzen, nämlich da, wo die Menschenwürde angetastet wird. Das braucht manchmal ein lautstarkes, entschiedenes Wort. Jedenfalls eine Geste, die ganz klar verstanden wird. Wichtig ist, daß dieses Grenzensetzen oder Deutlichmachen, welchen Umgang man akzeptiert oder nicht akzeptiert, nie und nimmer mit Liebesentzugs-Drohung verbunden ist. Wir können sehr wohl Empörung zeigen und dennoch lieben!

Die Seele, die sich inkarnieren will, wählt auch einen ganz bestimmten Körper, sei er nun stark oder schwach, ästhetisch vollendet oder unschön. Der Körper ist ein Haus oder ein Tempel und direkt von der Seele des inkarnierenden Menschen abhängig. Deshalb müssen wir Schwachstellen im Körper akzeptieren, denn sie sind Prüfsteine für uns und haben ihren Sinn. Der Körper zeigt uns unsere Liebe oder Schwächen. Wesensfremdes Verhalten wird sichtbar an diesen Schwachpunkten. So können wir selber etwas dazu beitragen, um unseren Körper zu stützen und zu reparieren. Geburtsfehler sind nicht furchtbare Schicksalsschläge! Der gewählte Körper ist gerade so der so gebaut, damit die (im irdischen Leben) zu erledigenden Aufgaben besser angegangen werden können. Wer die Arme aus irgendwelchen Gründen nicht annehmen kann, wird vielleicht mit nur einem Arm geboren. Gerade diese Behinderungen sind gottgewollt.

Nicht als Strafe, sondern als Herausforderung, als Hinweis auf die Tatsache, daß etwas Bestimmtes bewältigt werden muß. Deshalb gibt es keinen Grund, sich einer Behinderung wegen zu schämen oder gar zu bemitleiden. Aus der Not oder Behinderung eine Tugend machen, darin besteht die Aufgabe. Auch die Eltern haben dieses behinderte Kind willkommen geheißen, um zu reifen; und sie werden an dieser Situation ihre eigene Aufgabe erkennen müssen.

Die Inkarnation wird von Geistführern oder Engeln vorbereitet und mit ihren Schützlingen erarbeitet und besprochen. Die Frage wird dann lauten: Wie wird meine gewählte Seele reagieren? Was habe ich zu bereinigen? Wer ist mein bester Partner? So vieles wird erwogen und miteinbezogen, bis die besten Eltern gefunden sind. Vielleicht sträubt sich die eine oder andere Seele gegen den Gedanken, sich gerade in dieses oder jenes Nest zu setzen. Die Geistführer müssen oft zureden, anempfehlen, damit sich die Seele entschließen kann, den für sie bestimmten besten Weg zu wählen. Dazu kommt die Angst zu versagen. Das Kind wählt sich schon von Geburt an einen schwierigen Weg. Erinnern wir uns an Mühsal von Mutter und Kind bei der Geburt. Allerdings, Kinder, die unkompliziert und schmerzfrei geboren werden, bringen oft auch weniger Belastungen und Probleme als „Aussteuer" ins irdische Leben mit. Wiederum andere brauchen den Geburtsschock, um zu „erwachen", einige müssen oder wollen den Inkarnationsprozeß bremsen, so daß sie fast ersticken, andere kommen verkehrt herum auf die Welt. Jede Variante des Ins-irdische-Leben-Hineintretens hat ihre Aussage und ihren Sinn. Es gibt unendlich viele Möglichkeiten für die Seele, sich schon bei der Geburt individuell zu gebärden. Manchmal wird ein Baby tot geboren. Zweifelsohne wird dann die Geburt durch eine Seele eingeleitet, ohne daß diese inkarniert wird. Nicht immer hat sie es nötig, bei diesen Eltern zu bleiben. Doch der Karmafaden läuft unaufhaltsam weiter, und die Eltern brauchen diesen Schmerz, um zu reifen, nicht aber das Kind. Die Seele der Totgeburt hilft den Eltern unbewußt, über diesen Tod hinwegzukommen und das Leben mit mehr Ehrfurcht anzunehmen.

Wie viele Varianten ein Erlebnis der Geburt oder des Todes beinhaltet, ist unbegrenzt und abhängig von der beteiligten Seele. Jeder Mensch hat seine eigenen spezifischen Erfahrungen zu machen und Ausgleich zu schaffen. Das eigene Selbst wird immer der Auslöser für das sein, was im Leben geschieht. Kinder/Eltern bilden immer eine Symbiose und haben ein gemeinsames Erfüllungsprogramm in Leid und Freude. Die Andersartigkeit der Jugend ist notwendig, um den Eltern Denkanstöße zu geben. Die Jugend profitiert auch von den Eltern und ihren Erfahrungen im Leben. Wir sind eine Einheit, miteinander verbunden durch das Schicksal der Inkarnation. Dazu gehört die kleinste Gemeinschaft, die Familie, ebenso wie die größte Gemeinschaft aller Menschen auf dieser Erde.

Die Gemeinschaft aller Erdenbewohner ist im weitesten Sinne eine riesige Verwandtschaft, die schon bestand, bevor wir uns inkarnieren mußten. Die Seele ist irgendwann einmal im Universum entstanden und hat dort gelebt, ohne in einen fleischlichen Körper eintreten zu müssen. Damals waren Friede und Harmonie all - überall. Die Familie der Inkarnierten hat ihre Entsprechung auch im Jenseits. Denn diese Menschen stammen voneinander ab, sie bilden ein Netz von Familien. Wir alle stammen voneinander ab, nur sind wir nicht mit allen Menschen so nahe verbunden, weil der Verwandtschaftsgrad ins Unermeßliche führt. Jeder hat etwas gemein mit dem Nächsten, so daß sein Nächster mit ihm einen Teil des Schöpfungsbildes darstellt und mit ihm wachsen soll.

Die Verwandtschaft im geistigen Bereich ist viel größer als diejenige im Körperlichen. Die Art und Weise, wie ein Kind ist, hat also nichts mit Vererbung zu tun.

Das, was die Seele ist, ist nie vererbt, sondern eigenständige Persönlichkeit, die in ein Haus (Körper) einzieht. Denn die Seele ist vor Billionen Jahren im Universum entstanden, und sie ist ein Einzelwesen, das für die Ewigkeit geschaffen wurde.

Die Körpereigenschaften wählt sich das Kind selbst. So kann es vorkommen, daß blonde Eltern ein schwarzhaariges Kind haben, weil letzteres es genau so, genau diese Struktur wollte und brauchte. Ein Kind „wählt" sich die Augen, wie sie der Vater hat.

„Gleichen" heißt also nicht „ein Muster oder Doppel der Eltern sein". Kinder sind individuell daran beteiligt, auch die äußeren Merkmale des Körpers, der Konstitution oder sogenannte Erbkrankheiten zu bestimmen. Unsere Väter und Mütter vererben uns also nicht Kartoffelnasen und Krampfadern. Sie haben uns lediglich geholfen, einen Körper zu bekommen, ein Haus zu bauen. Dessen Beschaffenheit, allfällige Schwächen und Unzulänglichkeiten und auch Dispositionen haben wir uns selber gewählt! Krebs als vererbbares Konstitutionsprinzip gibt es nicht. Denn die Krebszellen wachsen erst, wenn wir sie durch seelischen Streß aktivieren. Wir bestimmen immer unsere Handlungen und suchen, „uns zu verwirklichen" in unserem Körper. Jede Konstitution ist von Geburt an unsere eigene Entscheidung. Dazu haben wir zu stehen. Und so verhält es sich auch mit unseren Krankheiten. Viele Menschen sind sich nicht bewußt, wieviel destruktive Gedanken und Gefühle nötig sind, um eine Krankheit zu fabrizieren! Also verdienen wir unser Leben. Oder wie es der griechische Philosoph Heraklit ausdrückte: „Unser Charakter ist unser Schicksal". Ergo „sind wir unser Schicksal".

Ablauf der Geburt

Abbildung 67 zeigt, wie die Geburt in einem irdischen Körper vor sich geht. Hier ist die Mutter in den letzten Wehen liegend dargestellt. Der kindliche Körper wird durch die Mutter gespeist und von den mütterlichen Frequenzen befruchtet. Die Strukturen, die die inkarnierende Seele braucht (es sind 20% des Höheren Selbst + Strukturen des irdischen Selbst), schweben oberhalb des Kopfes der Mutter und werden ca. 10 Minuten vor der Geburt durch ihre Chakras geschleust und im Leib des Kindes befestigt. Am Gesäß des Kindes oder an den unteren Hauptchakras fließt der Faden oder Frequenzenstrom ein und wird nach oben geleitet, wo er sich ausbreitet und im Körperchen fest angeschlossen wird. Jedes Organ erhält ein Chakra, welches durch diesen Strom zum Körper des Kindes gelangt. Alle Chakras, die hinten am Körper des Babys befestigt werden, sind bei der Geburt noch nicht im Körperinneren; sie werden erst durch das Einatmen Stück für

Stück vom Steißbein heraufgeholt.Die Frequenzen brauchen mehrere Minuten oder gar Stunden, bis sie plaziert sind. Das Baby wird durch diesen Vorgang erheblich mehr angestrengt als durch die Geburt des Körpers.

Die Gleichschaltung von Mutter und Kind während des Geburtsvorganges ist eine Verbindung, die notwendig ist, um die Kindesfrequenzen durch die Chakras der Mutter fließen zu lassen. Die Energien werden wie eine Schnur oder Spirale durchs mütterliche System komprimiert oder gedrückt. Das verursacht Schmerzen, da ihre Ströme und Chakras meist nicht so offen sind, so daß sie erweitert werden müssen. Die Mutter quält sich oft ab und hemmt damit doppelt den Fluß. Die Eileiter sind bei der Geburt Energieträger, um der Mutter ein Stück Arbeit abzunehmen. Das Eileitersystem leitet alle Energie zum Geburtskanal, damit die Öffnung der Gebärmutter besser vorangetrieben werden kann. Der Mann hat in der Prostata, den Samenleitern etc. die gleichen Systeme zur Verfügung, die ihm helfen, seine Vitalkraft aufzubauen.

Die Mutter kann sanfter und leichter gebären, wenn sie um diese Vorgänge weiß. Sie vermag sich dann mit ihren eigenen Chakras besser zu öffnen. Das Inkarnieren wird dadurch erleichtert. Und das Kind ist der Mutter, die ihre eigenen Ströme nicht abklemmt, dankbar. Das Abklemmen bereitet vermehrte Schmerzen bei der Geburt für Mutter und Kind. Die Kontraktionen um den Uterus herum werden durch die Chakras verursacht. Der auslösende Moment für die Geburt wird durch die Psyche oder den Geist der Mutter mit dem Einverständnis des Kindes bestimmt. Ein liebender Vater hilft den Vorgang der Geburt zu begleiten und zu beschleunigen. Das Nabelchakra löst das Pressen im Unterleib aus. Auch hier helfen Vater und Kind, die Geburt voranzutreiben.

Der Mann ist wichtig bei der Geburt, denn er kann durch sein Potential die Frequenzen der Mutter stützen. Ist ihm bewußt, was abläuft, wird er seine Liebe und Kraft geben, damit die Geburt leichter verlaufen kann. Da es sein Kind ist, ist er ganz besonders auserkoren, die Geburt zu leiten. Er ist die leitende Kraft, die der Mutter hilft, die auslösende Kraft zu verkörpern. Beide zusammen sind ineinander verwoben und helfen dem Kind, die Frequenzen zu erhöhen. Die Vaterrolle ist eine sehr weise Haltung, die wir im ganzen Universum spüren; die Mutter ist die Ergänzung dazu und wichtig für die Einheit der beiden Prinzipien. Vater und Mutter sind immer eine Einheit bei der Zeugung, bei der Geburt sollen sie es ebenfalls sein.

Viele Väter bezeichnen die Geburt ihres Kindes als ein einzigartiges Erlebnis, das tiefgreifender nicht sein könnte. Diese Väter haben erlebt, wie sie vereint, ja verschmolzen mit der Mutter das Kind auf die Welt gebracht haben. So soll es sein, wenn die Geburt optimal abläuft.

Der Gebärvorgang und die Schmerzen sind abhängig von den Begleitumständen, die Mutter und Kind miteinander verbinden und die aus früheren Leben und den Erinnerungen daran stammen. Sobald die Mutter weiß, wie sie sich zum Kind einstellen kann, wird sie die Geburt beschleunigen und die Schmerzen abbauen helfen. Fließt der Strom ruhig und kontinuierlich weiter, kann das ganze Paket Kind durch die Chakras der Mutter gleiten und in den kindlichen Körper eingesaugt werden. Die Bewegungen des Kindskörpers im Mutterleib werden durch mütterliche Hirnreflexe verursacht und zum Teil durch diese gesteuert. Das Körperchen des Kindes ist während der ganzen Tragzeit mit seinem Höheren Selbst verbunden, das mit einem Frequenzband Mutter und Kind speist. Dieses Band ist im Nabelbereich des Kindes befestigt und gleicht einer Nabelschnur. Die dort einströmende Energie hat noch nichts mit Inkarnieren zu tun. Sie ist lediglich eine Unterstützung beim Gedeihen des Körperchens. Hier kann individuell gesteuert werden, was das werdende Kind für sein bevorstehendes Leben „braucht", wie zum Beispiel Sehschäden, Gehörschäden, Suchttendenz, Autistik usw. Das Kind selbst steuert maßgeblich mit während der Geburt und preßt wiederum seine Frequenzen durch die Kanäle der Mutter in seinen Körper. Mutter und Vater helfen die Wehen verstärken, damit der kleine Körper in den Gebärkanal rutschen kann.

Abbildung 68 zeigt die Seitenansicht von Mutter und Kind. Im Geburtskanal werden die kindlichen Frequenzen in den Körper des Kindes und vorerst noch mehr um das Körperchen herumgesogen.

Das Kind wird durch Yin/Yang-Energien gespeist. Die Yang-Energien gleiten hauptsächlich durch die sieben Hauptchakras der Mutter nach unten zum Kind. Die Yin-Energien werden durch die mütterlichen vorderen und hinteren Hauptchakras inkarniert. Die Hauptfrequenzen des inkarnierenden Kindes benutzen den Zwölfer-Kanal der Mutter, um sich behutsam um das Kind aufzureihen. Diese Energien sehen aus wie zerknittertes Papier. Beim nächsten Bild, der Vorderansicht in der gleichen Geburtsphase, können wir das erkennen.

Abbildung 69 zeigt, wie dieses Drapieren geschieht. Einige Hauptchakras sind hier schon inkarniert. Der Rest schwebt um das Kind herum und ist einer Aura gleich in Spiralformation angelegt.

Abbildung 70 zeigt das ausgetretene Kind, welches nun nicht mehr durch die Nabelschnur Energie von der Mutter erhalten kann. Mit dem ersten Atemzug wird der Rest inkarniert und die drapierten Frequenzen eingesogen.

Meistens wird dieses Luft-holen von einem Schrei begleitet, mit dem der Säugling sein ganzes Potential aufnehmen muß, damit er überlebt. Ohne dieses irdische Einsaugen kann also das vorbereitete Energiepaket mit seinen Chakras und Auras nicht inkarniert werden.

Manchmal will das Kind nicht atmen. Es hat Angst, in diese Welt hineingeboren zu werden. Der Vater als Yangprinzip wird hier besonders wirksam sein und mit seiner Liebe dem Kind den Energieschub geben können, um es am Leben zu erhalten. Stirbt ein Kind im Mutterleib oder gleich bei der Geburt, wird das Kind meist überhaupt nicht inkarniert und beseelt. Die Energien des Vaters werden da gebraucht, den leeren Kindskörper besser austreiben zu können. Die Schmerzen dieser Geburt sind meist mehr seelischer Natur und können die Geburt erschweren. Unbewußt weiß die Mutter, daß das Kind nicht lebt und stemmt sich gegen die Enttäuschung, daß es so ist. Erfahrungen solcher Art mag auch der Vater nicht und stemmt mit, so daß oft viel Energie nutzlos verbraucht wird. Leer ausgehen muß die Mutter auch hier nicht. Ihre behutsame Art, eine Lebenserfahrung zu akzeptieren, wird den Vorgang erleichtern, sich später selbst umso erfreuter dem Leben zuzuwenden. Auch bei Frühgeburten müssen wir die Todeserfahrung annehmen, die für uns bestimmt einen Zweck erfüllt. Gereifte Seelen können sie auswerten und aus dem Todeserlebnis eine eigene seelische Erfahrung als Geburt erleben. Einige Kinder haben Mühe sich zurechtzufinden. Sie merken, daß sie von einem Elternteil abgelehnt werden. Sie verhaspeln sich unter Umständen so stark, daß sie sich damit das Leben nehmen. Kinder, die in einem Brutkasten leben lernen, sind es gewohnt, nicht geliebt zu werden. Also kommen sie zu früh, um ja keinen Kontakt mit den Eltern haben zu müssen. Ist das kritische Alter überwunden, werden sie sich vollends an unsere Welt und an ihre Eltern gewöhnen. Oft machen sie dann doch noch gute Erfahrungen, denn die Eltern wollen nun alles für dieses gottgewollte Kind tun. Verschiedenste Ursachen können Anlaß sein, weshalb ein Kind zu früh oder zu spät kommt. Gewiß ist auch hier ein Rhythmus beteiligt, der das ganze Inkarnieren, das Leben und den Tod beherrscht. Gesunde Kinder, die aus irgendeinem undefinierbaren Grund plötzlich zu atmen aufhören, haben genügend lange gelebt, um ihre Aufgabe zu erfüllen; sie sterben einen Tod wie jeder andere. Ein Menschlein kommt manchmal auf die Welt, um bald wieder zu gehen und um mit seinem kurzen Besuch auf dieser Erde den Eltern etwas mitzugeben, nämlich den Lernprozeß: Das eigene Leben und das der anderen schätzen zu lernen! Natürlich müssen nicht alle Menschen durch eine solch schmerzhafte Erfahrung klug werden. Aber es ist doch so, daß bei Verschüttungen, Totgeburten oder Mißgeburten beide Elternteile geistig daran beteiligt sind. Das gemeinsame Verkraften eines derart eingreifenden Erlebnisses vermag oft die beiden Partner noch inniger zusammenzubringen.

Und ebenso stark ist das Kind selber an der Art, wie es geboren wird, beteiligt, denn damit will es den geliebten Eltern die Möglichkeit zu einem Bewältigungsprozeß oder Liebeslernprozeß geben. Dabei dürfen diese Eltern aber nicht bis zur totalen Aufopferung gehen. Das nützt weder dem Kind noch den Eltern. Vielmehr schadet es, wenn der eine Ehepartner sich mit aufopfernden, sein Selbst verleugnenden Taten zuviel aufbürdet, um den anderen Partner zu schonen! So wird dieser scheinbar schonungsbedürftige Partner von der Aufgabe entbunden, mit seinem eigenen Leid umzugehen und an sich zu arbeiten, um das Leben aus eigenen Kräften zu meistern. Außerdem wird der aufopfernde Partner beim übermäßigen Ausschütten von Energie ausgelaugt und so zum Opfer „seiner selbst". Übermenschliches wird von niemandem verlangt, denn das würde nichts als Negativität schüren! Während der ersten 14 Tage im Leben eines Kindes sind viele Energiefäden und Chakras noch etwas wacklig oder gerne bereit, wieder auszutreten. Das inkarnierte Kind ist im Vollbesitz seines Bewußtseins und kann weit mehr sehen als die Eltern. Dieser Zustand kann, auch wenn er vielleicht nur zeitweise aufflackert, bis zu zwei Wochen andauern. Dann schläft das Kind schließlich in die neue Situation hinein und beginnt wieder von neuem, sein Bewußtsein durch den Körper zu entwickeln. Denken wir daran, daß das Kind im Moment der Geburt alles weiß und sieht. Es ist eben nicht nur im, sondern auch außerhalb des Körpers. Es hat die Verbindung zu seinem Chakraband, das heißt zu seinem höheren bewußten Teil noch verstärkt und nicht abgebrochen. Teils schlafend, teils wach, nimmt das Kind alles wahr, was im Raum gesprochen wird. Also denken wir daran, daß diese Erinnerung bleibt und in der Regression zurückgeholt werden kann, wenn sich die Seele daran erinnern will.

Die Rolle, die ein Mensch in seinem Leben einnimmt, ist die Einlösung dessen, was bei der Geburt festgesetzt, programmiert wurde. Wir können uns schulen, lernen, verändern, weiser werden und uns eines Tages wieder an den Zustand vor der Geburt erinnern. Dies braucht Zeit, oft ein ganzes Leben lang. Es ist eine geistige Erfahrung, die jeder Mensch erlangen kann. Das Herz bestimmt die Zeit, die wir benötigen. Und die Erfahrung mit der Liebe gibt uns die Gewißheit, daß wir immer neue Zusammenhänge unseres Daseins erlernen und eröffnen. Meine Geistführer und ich wünschen von Herzen, daß möglichst viele Menschen diesen inneren Weg finden und auf ihm gehen lernen, so daß unser Planet zum Blütenwunder wird.

Über die Autorin

Verena Sandherr arbeitet seit 15 Jahren als Lebensberaterin und Heilerin auf der Grundlage von Edelstein- und Farbtherapien, sowie der künstlerichen Darstellung individueller Chakren und Auren.
Sie leitet Seminare und Meditationsgruppen.
Ihr Anliegen ist es mit Menschen neue Wege zu gehen, damit sie selbständig ihre Probleme erkennen und erarbeiten können. Der Weg der Menschheit soll voller Liebe, Freude und Selbstvertrauen sein.

Verena Sandherr
Brunnenhofstr. 10
CH-8057 Zürich
Tel.: 01/36 14 4 79

3 x Elisabeth Kübler-Ross

Über den Tod und das Leben danach

22. Auflage

ELISABETH KÜBLER-ROSS

Über den Tod
und das Leben danach

Verlag „DIE SILBERSCHNUR" GmbH

ISBN 3-923 781-02-4
broschiert, 89 Seiten,
DM 19,80

Dieses Buch ist nach acht Jahren immer noch einer der esoterischen Bestseller in Deutschland und wurde bereits über
350.000 mal verkauft. Die berümteste Wissenschaftlerin der
Welt (18 Ehrendoktor-Titel) hat als erste das Tabu-Thema
„Tod" öffentlich aufgegriffen und sich in ihren Forschungen
eingehend damit beschäftigt. Das Ergebnis präsentiert sie in
diesem Buch und belegt in einer für jeden verständlichen
Sprache, daß es ein Leben nach dem Tode gibt.
Eines der wichtigsten Bücher unserer Zeit.

Jedes Ende ist ein strahlender Beginn

Elisabeth Kübler-Ross

Jedes Ende
ist ein
strahlender
Beginn

ISBN 3-923 781-66-0
64 Seiten, 28 ganzs.
Farbfotos, 21x21 cm,
gebunden, DM 25,00

Bildband mit Texten von E. Kübler-Ross und Fotos von Dr.
G. Siebel.

Dr. Gottfried Siebel ist katholischer Theologe und hat sich
jahrelang der aktiven Sterbebegleitung gewidmet, wobei
ihm die Bücher der Ärztin E. Kübler-Ross eine wichtige
Stütze waren. Es war seine Idee, Schmetterlinge zu foto-
grafieren und diese den aussagekräftigsten Sätzen von
der bekannten Sterbeforscherin gegenüberzustellen, stellt
doch das Verwandlungsmotiv von der Raupe zum Schmet-
terling eine Parallele zu unserer eigenen Verwandlung da.
Ein wunderbares Geschenkbuch, das begeistert.

Sterben lernen - Leben lernen

Fragen und Antworten

Elisabeth Kübler-Ross

Sterben Lernen – Leben Lernen

Fragen und Antworten

ISBN 3-923 781-80-6
21x21 cm, gebunden,
64 Seiten mit 16 Farbfo-
tografien, DM 25,00

Was Sigmund Freud für die Psychologie war, ist sicherlich
E. Kübler-Ross für die Sterbeforschung. Ihr ist zu verdan-
ken, daß weltweit die neuen Erkenntnisse über Sterbende
und deren richtige Betreuung an allen medizinischen Aus-
bildungsstätten gelehrt werden.
Dieses Buch gibt wichtige Antworten auf Fragen wie: Auf
was muß ich achten, wenn ich mit Sterbenden zusammen-
komme? Wie kann ich Angehörigen eines Sterbenden
oder eines soeben Verstorbenen beistehen? Wie gehe ich
selbst mit dem Verlust eines mir Nahestehenden um?
Unmißverständlich macht die Autorin klar, daß wir die
Angst vor dem Sterben und dem Tod erst verlieren müssen, bevor wir wirklich frei sein können zum Leben.

Heinrich R. Hrdlicka

Der Weg über die Grenzen

ISBN 3-923 781-35-0
broschiert, 132 Seiten
DM 17,80

Dieses gechannelte Buch zeigt einen Weg, wie man lernen kann, mit den Gesetzmäßigkeiten dieses Lebens besser umzugehen. In der gesamten esoterischen Literatur gibt es kein anderes Buch, das so pfiffig und respektlos - und doch voller Liebe - geschrieben wurde.

Petra Angelika Peick

Der Weg zum inneren Wissen

- Anleitungen und Übungen zur Selbstverwirklichung-

Dieses in seiner Art wohl einzigartige Buch gibt dem Leser die Möglichkeit, anhand der Anleitungen und Übungen Schritt für Schritt - und ohne Guru - zu seiner eigenen Mitte und seinem göttlichen Selbst zu finden.
Die Autorin ist Diplom-Psychologin, Rückführungstherapeutin, Astrologin u.a.m. und hat sich neben ihrer Praxistätigkeit in Hamburg durch mehrere Veröffentlichungen einen unter Esoterikern bekannten Namen gemacht.

ISBN 3-923 781-57-1
broschiert, 160 Seiten
DM 23,80

Franz-Joseph Huainigg

Heiler und Prophet

Das Leben des H. P. Paulussen und seine Vorhersagen durch Nostradamus.

Die Fortsetzung des Buches „Nicht zu fassen - aber wahr" schildert die ungewöhnlichen Heilerfolge des Trance-Mediums und Heilers H.P. Paulussen, der seit 1989 mit dem Seher und Propheten Michel Nostradamus in Verbindung steht. Dieses Buch enthält neue Vorhersagen von Nostradamus, die am 5.12.1991 für die nächsten 9 Jahre durchgegeben worden sind und Deutschland und die ganze Welt betreffen.

ISBN 3-923 781-68-7
Broschiert, 160 Seiten
DM 23,80

Theo Fischer

Wu wei -Lebenskunst des Tao -

Die enorme Leistungsfähigkeit des menschlichen Geistes und deren Kapazität wird beschränkt durch voreingenommene Erfahrung. Stets möchten wir alle Dinge selbst regeln, setzen unseren Willen durch, wenden Gewalt an. Leider zerstören wir gerade damit den Fluß dieser gewaltigen Lebensenergie.

Dieses Buch lehrt, daß wir unserem Geist ungehindert seinen natürlichen intelligenten Lauf lassen sollen.

ISBN 3-923 781-34-2
broschiert, 116 Seiten
DM 18,80

Walter Vogt

Du bist Dein Weg

Tiefsinnige Verse und einfühlsame Illustrationen geben „zu denken" und vereinigen sich zu einer Meditation, die schon vielen auf der Suche nach dem wahren Selbst behilflich war.

Ein Buch, das in schwierigen Lebenssituationen immer griffbereit sein sollte.

ISBN 3-923 781-06-7
60 Seiten, DM 11,80

Das Goldene Sai-Baba-Buch

Gedanken für jeden Tag

Die Zahl der Sai-Baba-Anhänger geht in die Millionen, doch die seiner Bewunderer in die Hundertmillionen. Selbst in Deutschland, der Schweiz und in Österreich gibt es viele Sai-Baba-Zentren. Und der Kreis seiner Verehrer wird immer größer. Nach dem Erfolg des ersten Buches gibt es nun den Sai-Baba-Kalender, der für jeden Tag eines Jahres einen Spruch von Sai-Baba wiedergibt.

ISBN 3-923 781-79-2
geb., 386 Seiten
DM 19,80

„Es gibt nur einen königlichen Weg für dir spirituelle Reise: Liebe"

Dick Sutphen

Das Orakel in Dir

Anstatt Tarot-Karten zu mischen und die „richtigen"
Karten zu ziehen, nimmt man für einen Augenblick die-
ses Buch zwischen seine Hände, konzentriert sich auf
seine Frage bzw. sein Problem und schlägt dann, von
Intuition geleitet, eine Seite auf, auf der die zutreffende
Antwort zu lesen ist.

Dick Sutphen ist einer der bekanntesten spirituellen
Lehrer u. Autoren der USA, man könnte ihn geradezu
den „Dethlefsen Amerikas" nennen.

ISBN 3-923 781-73-3
broschiert, 276 Seiten
DM 29,80

Beate Bock

Un-mögliches möglich machen

Ein praktisches Übungsbuch

Dieses Buch ist für Menschen geschrieben, die ihr Leben in einfacher Weise positiv verändern wollen. Beate
Bock stellt Übungen vor, die im alltäglichen Leben mit
erstaunlicher Leichtigkeit anzuwenden sind. Jeder
kann die für ihn passenden Übungen wählen, um sein
Leben einfach und vergnüglich positiv zu verändern.

SBN 3-923781-67-9
broschiert, 192 Seiten
DM 24,80

Steve Richards

Levitation

Was sie ist - Wie sie funktioniert - Wie man sie lernt.

Das erste Buch in deutscher Sprache über die Kunst,
mit seinem physischen Körper „abzuheben".
Für Super-Esoteriker einfach super!

ISBN 3-923781-75-X
broschiert, 136 Seiten
DM 19,80